独立保函的时代演进与制度发展

陆 璐 著

东南大学出版社
·南京·

图书在版编目(CIP)数据

独立保函的时代演进与制度发展/陆璐著. —南京：东南大学出版社,2019.12
 ISBN 978-7-5641-8779-8

Ⅰ.①独… Ⅱ.①陆… Ⅲ.①担保法—研究—中国 Ⅳ.①D923.24

中国版本图书馆CIP数据核字(2019)第282149号

⊙ 江苏省教育科学"十三五"规划重点课题成果(B-a/2016/01/38)
⊙ 江苏高校"青蓝工程"项目成果
⊙ 东南大学民事检察研究中心资助成果

独立保函的时代演进与制度发展
Duli Baohan De Shidai Yanjin Yu Zhidu Fazhan

著　　者	陆　璐
出版发行	东南大学出版社
社　　址	南京市四牌楼2号　邮编：210096
出 版 人	江建中
网　　址	http://www.seupress.com
经　　销	全国各地新华书店
排　　版	南京星光测绘科技有限公司
印　　刷	南京工大印务有限责任公司
开　　本	700 mm×1000 mm　1/16
印　　张	10.5
字　　数	210千字
版　　次	2019年12月第1版
印　　次	2019年12月第1次印刷
书　　号	ISBN 978-7-5641-8779-8
定　　价	68.00元

本社图书若有印装质量问题,请直接与营销部联系。电话：025-83791830

作者简介

陆璐,女,英国法学博士(University of Plymouth),法学硕士(University of Wales Swansea);东南大学法学院副教授,博士生导师;江苏省港澳台法学研究会理事;江苏高校区域法治发展协同创新中心研究员。擅长研究国际商法、民商法、比较法等领域的理论和实践问题,多次参加江苏省人大法工委的立法专家咨询工作。留英期间曾先后就职于英国 Mishcon de Reya 律师事务所,英国 Plymouth 大学法学院。

独立主持国家社科基金、江苏省社科院基金项目、江苏省教育科学"十三五"规划重点项目、江苏省法学会项目等多项省部级项目,参与完成与南京市地方税务局、南京市地下铁道有限责任公司合作的多项横向项目;著有英文专著一部,在国内外核心期刊发表论文十余篇。

前　言

2016年11月最高院公布的《最高人民法院关于审理独立保函纠纷案件若干问题的规定》将独立保函从以从属性为基石的担保法中独立出来，结束了法律学界和实务界十多年来国内交易项下独立保函有效性的争论。2016年4月公布的新《国内信用证结算办法》打破了统领信用证结算体系的《跟单信用证统一惯例》(*Uniform Customs and Practice for Documentary Credits*，简称UCP)的束缚，开启了中国商事规则的本土化篇章。连同2005年10月公布的《关于审理信用证纠纷若干问题的规定》(简称《信用证司法解释》)，我国独立担保制度已初见雏形。

本书以保函规则的时代演进为背景，从形式起源出发，展开对该领域制度发展向度的研究。在国际法学界，独立担保制度的历史起源、实践障碍、模式异化及发展创新都无一例外地显现了商法功利主义的思想底色。由于特殊历史时期下的利益导向差异，由欧洲国家主导的独立保函领域规则和由美国主导的备用信用证制度呈现出区别化的法制模式。《最高人民法院关于审理独立保函纠纷案件若干问题的规定》适应了国际性、时代性的法学理论发展需求。中国式的"欺诈例外"理论，改变了中国商事规则过度受限于外国法律理论和法律思维束缚的历史现象，为新形势下中国在国际商事规则制定中的话语权建立提供启迪。但在周期性实践中还是暴露出一些问题：司法中出现的"独立性"认定困局急需打破；立法中存在的"保函止付"规则漏洞也有待修正。中国式保函规则发展应以"一带一路"倡议需求为导向，结合全球化背景下国际商事立法的趋同性走向，从宏观上考量包括独立保函信用证、备用信用证等各类独立担保衍生物在内的制度建构,同时在微观上依据本国实践中的具体问题,对相关规则内容进行调整和细化。面对大数据和人工智能结合下的金融创新发展,独立担保的制度建设还应充分考虑市场化的利益导向,结合信息化的思维模式,以专业化的理论思路完成法制的范式转移。

  近年来,中国在世界政治经济舞台的引领作用愈发明显,全球金融体系改革是中国积极参与全球治理机制和构建国际新秩序的良好契机。以社会资源优化配置为基础的共享经济在中国迅速发展,网络金融成为共享经济延伸和渗透的核心领域之一,服务于"一带一路"倡议的独立保函、信用证等独立担保类工具应用于创新金融领域带来的系统性风险不容忽视,立足于中国实践的独立担保制度研究可成为中国商事立法国际化推进探索的重要突破口。

目　录

第一章　独立保函的内在法理和区域发展 …………………… （1）

　第一节　制度的一般法理 ……………………………………… （2）

　　一、独立性内涵之实质合理性 ………………………………… （3）

　　二、单据性原则之形式合理性 ………………………………… （4）

　第二节　域外独立担保制度的发展现状 ……………………… （5）

　　一、融入型建构立法——法国独立担保制度 ………………… （6）

　　二、个性化规则发展——美国的备用信用证制度 …………… （7）

　第三节　中国的独立担保制度 ………………………………… （10）

　　一、接纳阶段的制度争议 ……………………………………… （10）

　　二、当前我国独立担保制度中存在的具体问题 ……………… （14）

　小结 ……………………………………………………………… （19）

第二章　保函独立性认定问题 ………………………………… （21）

　第一节　概　述 ………………………………………………… （22）

　第二节　域外独立保函的独立性认定思路 …………………… （25）

　　一、美国的备用信用证制度下的个性化规制认定 …………… （25）

　　二、法国担保制度的融入型吸纳认定 ………………………… （27）

第三节 我国保函独立性认定思路的应然修正 …………… (29)
　一、单据性问题 ………………………………………… (30)
　二、基础合同问题 ……………………………………… (30)
　三、连带责任陈述问题 ………………………………… (31)
小结 ………………………………………………………… (32)

第三章 保函"欺诈例外"问题 …………………………… (33)
第一节 保函"欺诈例外"的渊源——信用证"欺诈例外" … (34)
　一、信用证"欺诈例外"的源起 ………………………… (34)
　二、信用证"欺诈例外"在英美法系的发展 …………… (37)
第二节 保函"欺诈例外"的国际性困境 ………………… (43)
　一、大陆法系下欺诈例外规则的宽泛适用 …………… (45)
　二、英美法系下欺诈例外规则的适用冲突 …………… (46)
第三节 保函"欺诈例外"的中国式发展 ………………… (48)
　一、《独立保函司法解释》对保函欺诈例外的创新诠释 … (48)
　二、中国保函欺诈例外制度的发展向度 ……………… (51)
小结 ………………………………………………………… (54)

第四章 "保函止付"问题 …………………………………… (55)
第一节 我国"保函止付"的司法现状 …………………… (56)
　一、"保函止付"规则的设定依据——欺诈例外 ……… (57)
　二、任意下达"保函止付"裁定的危害 ………………… (59)
　三、我国"保函止付"裁定任意化的成因 ……………… (61)
第二节 "利益衡量"在"保函止付"域外规则中的适用 … (65)
　一、"欺诈成立"证据标准的普遍性适用 ……………… (66)
　二、"极具争议"证明标准的区别性适用 ……………… (66)
　三、其他保函独立性阻却事由的限制性适用 ………… (67)

第三节 我国当前"保函止付"规则下应然的"利益衡量" …………… (69)
  一、明确"保函止付"下具体当事人的利益类型 …………………… (70)
  二、确认"保函止付"下各利益间之位阶 …………………………… (71)
  三、基于具体个案的"利益衡量" …………………………………… (73)
第四节 "利益衡量"指引下"保函止付"的规则重塑 ………………… (73)
  一、调整下达中止支付裁定的必备条件 …………………………… (73)
  二、增加条款明确"利益衡量"下应当综合考量的因素 …………… (74)
  三、增加对"欺诈的高度可能性"的解释条款 ……………………… (74)
小 结 …………………………………………………………………… (75)

第五章 宏观与创新思维下独立保函的制度发展 ……………… (76)

第一节 概述 …………………………………………………………… (76)
  一、全球化商事立法趋同发展的理念定位 ………………………… (76)
  二、宏观类别化立法的实际需求 …………………………………… (77)
  三、数字科技发展下贸易金融领域法制的发展方向 ……………… (77)
第二节 大数据赋能下信用证电子系列规则的发展 ………………… (78)
  一、"数据孤岛"时代信用证频现信用危机 ………………………… (80)
  二、信用危机的深层原因:"数据孤岛"时代下信用证的制度缺陷
    ……………………………………………………………………… (81)
  三、国际电子信用证规则的制定与修正 …………………………… (88)
第三节 科技金融法律规制的范式转移 ……………………………… (95)
  一、金融法制范式转移的原因:以区块链赋能"贸易金融"为例
    ……………………………………………………………………… (96)
  二、"数据信息"引发的科技金融发展障碍 ………………………… (102)
  三、科技金融法律规制的需求扩展 ………………………………… (105)
  四、"数据信息"驱动下科技金融法律规制的范式转移 …………… (108)
小结 …………………………………………………………………… (115)

中文参考文献 ·· (116)

英文参考文献 ·· (119)

主要法律法规 ·· (132)
 最高人民法院关于审理独立保函纠纷案件若干问题的规定 ······ (132)
 最高人民法院关于审理信用证纠纷案件若干问题的规定 ········ (137)
 国内信用证结算办法 ··· (140)
 跟单信用证统一惯例关于电子交单的附则(eUCP)(版本 2.0)
 ··· (153)

第一章

独立保函的内在法理和区域发展

世界上任何国家、族群的法律规则都不可能在完全不依靠、参照社会发展基本事件乃至规律的基础上完成独立创造,只有在不断总结、比较和试错的过程中形成的法律规则才可能实现在适应一定时间和空间范围基础上的优化治理模式。作为国际商事实践产物的独立担保,于我国之实践,最早可追溯至20世纪80年代。司法界首先出现大量以"独立保函"为债权担保方式的案例,但在相当长的国内司法实践中,独立保函区别于从属性担保的独立性特征并没有得到确认[1],直到2016年11月《最高人民法院关于审理独立保函纠纷案件若干问题的规定》(简称《独立保函司法解释》)正式出台,其将独立保函从以从属性为基石的担保法中独立出来,终结了学界和实务界十多年来国内交易项下独立保函有效性的争论。[2]《独立保函司法解释》的出台,正是传统从属性担保制度无法满足当前我国现代经济发展需求的充分体

---

[1] 在1986年颁布的《中华人民共和国民法通则》(简称《民法通则》)中,担保合同被明确为主合同的从合同。1995年颁布的《中华人民共和国担保法》(简称《担保法》)第5条第1款在肯定了主从合同法律关系的基础上,规定"担保合同另有约定的,按照约定",但在其后2000年的《最高人民法院关于适用〈中华人民共和国担保法〉若干问题的解释》中,并没有对此"但书"作出明确的解释。换言之,此项"但书"并非对独立保函独立性的承认。

[2] 陆璐:《保函欺诈例外:一例国际商事规则的中国式创新诠释》,《河南师范大学学报(哲学社会科学版)》2018年第1期,第72页。

现。起源于欧美发达国家的独立担保制度[1],其产生与发展的基本向度均密切服务于欧美在历史时期的商事发展需求,而我国此次《独立保函司法解释》的出台,作为当今世界最为细致的独立担保成文化法律规则,具有相当的前沿性。

第一节 制度的一般法理

"根据现代法理学的一般见解,法律的合理性分为工具合理性与价值合理性:工具合理性因其具有形式和手段的特征,又可称为形式合理性;价值合理性因其探讨的是事物(比如法律)内在的正当性,因而又可称为实质合理性。"[2]独立担保是异于传统的从属性担保的一种独立于基础合同法律关系的特殊的信用担保形式,具有典型的商事功用性。由其高效的商事功用性体现的实用价值为独立担保制度的存在提供了实质的合理基础,其明确的运行规则又为其发展提供了形式的合理保障。在运作模式上,独立担保实际上完全借鉴和吸收了传统商业信用证的运作机制,以独立性、单据化为基本特征。[3]在独立担保法律关系中,担保人(银行或者其他金融机构)承担着无条件的、不可撤销的付款义务,独立担保的受益人只要提交了符合保函规定的单据或请求,担保人就必须付款,即担保人只能依据对保函中单据的审核,判定是否应予以付款。[4]担保人并无义务调查申请人在基础合同中是否存在违约的情形,基础合同的效力、变更、履行情况,甚至基础合同中债权人放弃对债务人的某些权利(如抵押权),对独立担保本身的效力均不产生影响。独立担保的法理内涵正是通过其独立性和单据性两大特性得以实现的。

---

[1] 独立担保作为商事工具最早以备用信用证的形式产生于20世纪50、60年代美国的国内市场,70年代以后,随着欧美发达国家建筑工程、公共设施、工农业工程以及国防工程项目市场的繁荣而不断发展。Bertrams R. *Bank Guarantees in International Trade*. Deventer: Kluwer Law International,1996:1-2.

[2] 刘艳红:《实质刑法观》,中国人民大学出版社,2009年,第18页。

[3] 在英美银行的商业实践中,独立保函常被称为"Demand Guarantee"(见索即付保函)或者"Standby Letters of Credit"(备用信用证);在国际工程承包合同担保领域又常被称作"Performance Bond"(履约保函)。本书中提及的独立保函或独立担保包括见索即付保函、备用信用证、履约保函及其他具有类似法律效果的担保文书。除另有说明外,独立保函和独立担保贯通使用,无意义差别。

[4] 陆璐:《独立保函国内适用难题研究——以信用证欺诈例外规则的引入为视角》,《苏州大学学报(哲学社会科学版)》2014年第6期,第86页。

一、独立性内涵之实质合理性

随着商事全球化的发展,国际商事交易的规则落点早已从交易质量、价金向同样重要的要素上平移,那就是商事主体赋予交易安全和信用的能力及意图[1],在独立担保这样独立于债权人和债务人间的基础合同而单一存在的法律关系中,保函受益人与担保人之间的权利义务关系完全依据保函条款而存在,基础合同条款对于担保合同中的权利义务关系不具有任何的法律约束力,除非担保合同条款中直接援引基础交易合同的条款。但即使在这样的情形下,相关条款对于当事人的约束力也是以该条款在保函中的存在而独立地产生法律效力,与基础合同无直接关系。因此,基础合同的效力不会影响到担保人基于独立担保合同而产生的担保责任。更为重要的是,在独立担保法律关系中,担保人不享有传统担保法律关系中援引基础合同对受益人主张抗辩的权利。正如沈达明先生指出的那样:"所有这些独立担保都是企图禁止担保人援引被担保的债务人的主要债务所产生的抗辩及主债务人个人所产生的抗辩。"[2]在经济全球化迅速发展的时代背景下,传统的从属性担保在效力、存续、抗辩权等方面对基础合同的依附性,使得其早已无法满足大型国际工程、跨国融资业务中高效率担保权益的需求,与基础合同过多的联系往往成为债务人和担保人拖延甚至逃避债务履行的借口,债权人依靠传统的担保合同常常不但不能迅速地受偿,还无意地卷入旷日持久的诉讼当中。商事效率与交易安全作为后危机时代商事发展最基本的理念,在独立担保制度的保障下,得以顺利实现,也正是独立担保制度合理产生和得以存在的实质基础,与一般保险机构提供的信用保险相比,独立担保又减少了繁琐而耗时的理赔程序,从而降低了受益人无法获得赔付的风险性,在建筑工程、公共设施等具有时限、空间特殊要求的商事项目中,独立担保"先付款,后争议"的赔付原则,在为受益人争取了信用保证的同时,也保证了高效的商业运作。符合商业时代信用与效率的双向法理需求,银行等金融机构良好的信用和充足的财力更使得其成为独立担保主体的优先选择。基于独立担保的独立性优势于其商事功用的核心地位,系列国际规则如《见索即付保函统一规则(URDG758)》《国际备用信用证惯例

---

[1] Chuah J. *Law of International Trade*. 4th ed. London: Sweet & Maxwell, 2009: 389.
[2] 沈达明:《法国/德国担保法》,中国法制出版社,2000年,第15页。

(ISP98)》《跟单信用证统一惯例(UCP600)》《联合国独立保函和备用信用证公约》,尽管对独立担保类型定义各有差异,但均对独立担保的独立性进行了明确的规定。《国际备用信用证惯例(ISP98)》还明确了备用信用证项下义务与基础交易项下义务的独立关系[1],我国《独立保函司法解释》的第5条确认了独立担保的独立性,但对规则的适用采用了意思自治原则,由当事人明确选择,否则法院不予支持[2],表明了我国独立担保制度的作为国内商事立法的宏观约束性,同时也反映了由内发性需求催生的我国独立担保制度的包容性。

二、单据性原则之形式合理性

独立担保的独立性优势为独立担保制度存在的实质合理性提供了基本依托,然而其受益人独立地位的实现又需要明确的形式规则加以规制,担保人在面对受益人的索赔请求时,不需要审查基础合同的实际履行情况,而是以担保约定之单据为判定依据。银行等金融机构作为置身于基础合同之外的法律主体,并未参与基础合同的订立过程,因此,担保人在从事担保业务时,并不需要了解基础合同的交易实质,担保人也常常不具备审查基础合同履行情况的专业技术能力。在独立担保中,担保人既不需要调查基础合同当事人的履约情况,对基础合同的债权债务关系也无了解的义务,在不征得保函申请人同意的情况下,担保人就可以完全依据保函条款审查条款约定之单据,决定是否付款给受益人,也即根据受益人是否提交了表面相符的单据作出是否付款的判断。独立担保表面相符的原则,作为单据性原则的延伸,使得其制度运行具有了形式的合理性,一方面担保人可以避免卷入基础合同纠纷,另一方面担保人也可以在自己的业务能力内迅速高效地对是否向受益人偿款作出判断。我国《独立保函司法解释》第7条参考国际商事规则,将表面相符原则作为独立担保制度的基本原则加以明确,但并没有对审单要素做具体规定,只是提出要求按保函载明的审单标准进行审查,同时提出"独立保函未载明的,可以参照适用国际商会确定

---

[1]《国际备用信用证惯例(ISP98)》第1.06条c款、第1.07条。
[2]《最高人民法院关于审理独立保函纠纷案件若干问题的规定》第5条。

的相关审单标准"。相较而言,同类别国际性规则,如 UCC[1] 就对审单的注意事项作出了相对较为详细的规定。我国当前《独立保函司法解释》虽然对独立担保的单据性原则未作具体规制,但其对同类别国际商事规则的公开采纳也体现了中国独立担保制度的发展性、延伸性。事实上,作为独立担保制度存在之重要的形式法理的重要体现的表面相符原则,其具体规则体系也应当根据独立担保商事功用的具体需求呈现一定的延展性。独立担保制度作为国际商事需求的产物,其本身也是在国际交往中产生、发展经历多次修订形成的统一规则,这也是国际性独立担保制度呈现地域性发展的重要原因。

第二节 域外独立担保制度的发展现状

任何法律活动,不论立法、司法还是行政,都不可避免地是"穿行于事实和法律之间"的过程。[2] 尽管国际商事领域对独立保函作为必要工具的特殊功用已无异议,独立担保制度在不同国度、不同的社会历史条件下仍呈现出差异性的适用实践,而资本主义生产方式中所隐含的目的因子也深深影响了独立担保具体规则发展的基本向度。备用信用证和见索即付保函都是独立担保的衍生形式,但由于在实践中欧美国家的商事发展需求差异,北美更习惯于适用《国际备用信用证惯例(ISP98)》,欧洲则倾向于适用《见索即付保函统一规则(URDG758)》,各国国内立法也各有差异,这与独立担保制度在不同区域经历的复杂的演进过程有关,其演进过程中体现的需求导向充分反映了"资本主义生产方式中所必然隐含的目的理性与宰制自然的因子"[3]。

---

[1] 1995 年修订后的美国《统一商法典》(*Uniform Commercial Code*,简称 UCC)第 5-108 条 a 款规定,在交单与信用证规定的条款表面上严格相符的情况下,开证人必须承付,如果交单与信用证条款不符,开证人必须拒绝承付。UCC 的官方解释明确指出,表面相符原则不仅要求提示的单据本身与信用证的规定在表面上严格相符,还要求提示行为严格符合信用证中规定的提示时间和地点等其他条款。该规定同样适用于备用信用证等独立担保类型中。

[2] 谢晖:《中国古典法律解释中的目的智慧——追求法律的实用性》,《法学论坛》2005 年第 4 期,第 54 页。

[3] 颜厥安:《法与实践理性》,中国政法大学出版社,2003 年,第 241 页。

一、融入型建构立法——法国独立担保制度

尽管独立担保制度最早产生于英美法系国家的商业实践[1]，但20世纪中后期国际商事的流动性使得欧陆国家很快吸收了这一制度。但基于大陆法的同源性，独立担保在大陆法发达国家的早期发展也相对错综曲折。以法国为例，早期法国法对"国内市场"和"国际市场"适用不同规则，这与我国非常相似。2006年法国担保法改革中，"独立担保"作为一种新型的人的担保在《法国民法典》中被固定下来，但这一传统精神依然得以保留。与我国不同的是，虽然独立担保于法国首先出现于"国际市场"，《法国民法典》第2321条所确立的"独立担保"的适用范围却仅限于"国内市场"。这与独立担保于法国市场的主要功用相关。与英美国家对信用证担保功能的积极应用不同，20世纪60年代开始，法国大型企业运用独立担保主要目的是替代国际合同订立中所必须设立的押金。早期，法国企业在中东和拉丁美洲的工程招标中都需要提供高昂的押金作为履约担保，为了减少数目不菲的经济压力，企业尝试以银行信用替代押金给进口方提供保障。[2] 在相当长的一段时间里，由于法国银行以及出口企业十分注重国际声誉，法国参与的独立担保商事实践较少引发争议。这也使得法国最高院对涉及国际商事实务的独立担保法律规制呈现较为宽松的态度，习惯于以"担保合同文书的内容"为基本依据，在当事人约定不明的情况下，法院则援引《合同法》的一般规则加以判断。整体上，法国法院对独立担保制度于国际商事领域的效力认定基本无障碍，法官多根据其独立性和不可抗辩性加以判断。然而，当独立担保制度由国际商事领域转入法国国内市场，情况发生了改变。在法国国内市场出现的独立担保，虽然也如同国际市场领域一样具有一定的押金替代功能，但其更重要的设立目的是债权人逃脱传统"人的担保"设计的诸多抗辩对抗。换言之，法国国内市场出现的独立担保更符合当前国际上对独立担保的概念认知。

法国传统的保证制度，是基于"人的担保"，在此类保证中，提供担保的主体常常不是金融机构，而是普通企业或者自然人，法国法长期贯彻的保护弱

---

[1] 关于信用证制度产生于英美法的商事实践，其起源的具体实践难以明确考证，但自19世纪中后期开始的案例中就不乏对商业信用证的功能性论述。参见：KING R. *Gutteridge and Megrah's Law of Bankers' Commercial Credits*. London: Europa Publications Limited, 2001: 3.

[2] 李世刚：《法国担保法改革》，法律出版社，2011年，第63页。

势保证人的原则,使得此类保证中的债权人在主张债权时可能面对诸多抗辩,比如债权的从属性、保证人对风险的不确定性,这样的保证形式在高效率的商业时代被金融机构视为一种束缚和麻烦。于是,"独立担保"作为一种快捷、有效的担保手段被引入法国国内市场。法国法院初期对独立担保效力的承认也存在如中国法一样的保守态度。保函欺诈、违法、基础交易无效等诸多因素均为独立担保制度在法国发展的主要障碍,更重要的是,由于独立担保于法国国内法出现初期就存在着替代一般性"人的担保"的意图,立法者当然存在债权人滥用独立担保造成具有从属性的保证制度被架空的顾虑。在2006年法国担保法改革之前,法国法院对国内独立担保的效力承认一直呈现较为摇摆的状态。直到2006年3月,法国法将"独立担保"作为一种新型的"人的担保"在《法国民法典》中固定下来,根据规定"独立担保人不能主张基于被担保的债务所生的抗辩",独立担保人付款义务与被担保债务的独立性被予以明确,原则上独立担保人不能引用任何抗辩理由对抗受益人。这也表明,法国法正式将独立担保作为一种特殊的担保形式融于法国担保法律制度加以规制。

法国法对于独立担保在国际和国内商事的差异性的规制充分体现了具有严格担保法律体系传统的大陆法系国家对独立担保制度的保守态度,事实上同为大陆法系的德国法,对独立担保制度的法律规制也呈现严格化态势。在德国见索即付的保证中,保证人和受益人之间的权利结构仍然是基于保证关系,但是排除了保证人就受益人索款提出基础交易项下抗辩的权利。即虽然独立担保具有一定的独立性,但是,见索即付保证的保证人仍然可得主张保证法上的其他权利。[1] 当然,法国法对独立担保制度采用融入型建构方式在更大程度上是源于法国国内独立担保的基本渊源不同于美国法的商事习惯,具体地说带传统保证这一目的因子的独立担保制度,在法国法中自始就没有脱离传统担保制度的功能机理,因此出于法国内发性需求,其自然被融入担保法体系加以严格规制。与此相反,基于商事自治基础且源于信用证制度的英美法独立担保,则在制度建构之初就具备了自由的血液,特别是在美国,备用信用证与独立保函基本无差异。

二、个性化规则发展——美国的备用信用证制度

备用信用证是美国法中的独特产物,富有创造力的美国商人对具有支付

---

[1] Horn Norbert. *The Law of International Trade Financing*. Boston: Kluwer Law Press,1989: 32.

功能的信用证进行了二次创造,给信用证这种古老支付工具赋予了新的担保功能。[1] 传统观点认为,备用信用证是美国商人为了规避法律的禁止性规定,借用信用证的外衣发展出来的担保工具,1864年修订的《国民银行法》对银行业务能力进行了授权性的规定,其中不包括担保业务,联邦注册银行和各州银行无权就债务提供担保,为了规避这一限制,美国的银行开始通过为汇票背书或者开出信用证的方式提供担保。然而事实上,20世纪50年代初期,备用信用证在美国的产生并不是单纯的银行担保业务的替代品。基于信用证制度在欧美商事实践中的广泛适用,美国国内的银行很早就开始根据商事实践需求探索信用证更为广泛的商业工具价值。第二次世界大战结束后,由于战略物资缺乏,货币体系初建,一些贸易公司希望能在出口贸易活动中以相关商品直接换取等值的战略物资。这一物物交换的交易方式,在当时具有相当的风险性,于是贸易公司企图通过银行寻求保障,确保在出口商不能交付约定物资时依然可以获得一定金额的付款。此种类似担保的贸易需求实际上是一个第二顺序的付款担保,只有在出口商不能履行交货义务时方发生效力。美国商业银行根据此类需求开出了一定数量的信用证,在一般情况下,如果出口商按照约定履行了合同义务,交付战略物资,那么美国国内的贸易公司就允许银行取消前述信用证,否则,公司将有权利获得信用证项下的付款。这一类信用证事实上是对传统商业信用证功能的扩展,其存在目的虽然不是付款,但却是用以保障付款。由于只有当原先的合同约定无法履行时,此种信用证条款才发生效力。其作为救济功能的"随时待命"(standby)性也成为其称谓形成的依据。为了区别商业信用证基本功用的重要差别,美国人为此类信用证选择了最为符合商事外观原理的称谓——"备用信用证"(Standby Letters of Credit)。旧金山联邦储备银行在1986年发布的数据显示,当时美国的银行开出的备用信用证总额即达到了1 532亿美元。其中,资产规模在100亿美元以上的银行占到总份额的75%。[2]

美国备用信用证业务的盛行,与美国银行业规避禁止银行提供担保这一古老规则不无关系,但更是高度商事自治下信用证高效功用性引发的市场自然选择的结果。"商法的功能就是允许商人在其所能及的范围内自愿进行商

---

[1] 刘斌:《美国备用信用证制度的演进与借鉴》,《河南财经政法大学学报》2016年第2期,第161页。

[2] *Federal Reserve Bank of San Francisco*. Economic Review, 1986(20).

事交易,而不必局限于那些他们认为陈旧不堪的传统。"[1]而基于商事自治原则产生的备用信用证,使得美国的独立担保制度规则在建构之初就具备了自由的血液。作为美国最具权威的独立担保成文法规范——美国《统一商法典》(UCC)第5编,从1952年的首部出台之始就将备用信用证与商业信用证置于同一范畴下统一规制。尽管备用信用证和商业信用证作为商事工具在事实目的上存在差异,但在美国的法律体系中,更倾向于忽略其是出于担保还是支付价款的商业目的,正如美国著名银行法专家亨利·哈菲尔德(Henry Harfield)所言:"备用信用证用于担保的目的并发挥担保的功能是无关紧要的,包括用于货物销售情形下付款的信用证同样具备担保的特征,甚至早期的一些信用证被法院归为担保之列。某一工具用于何种目的以及实现了何种效果不应该对该工具本身的法律属性构成影响,特别是在其效果是完全合法的情形下。"[2]在此后 UCC 的多次修订中,对于备用信用证的规则修订也多倾向于适应其商事功用的多元化、细致化发展,增加了电子信用证相关条款、延期支付的基本规则等等,至于备用信用证的独立性及其于美国担保法体系的位阶问题从未成为困扰美国司法界的话题。美国法从未将作为独立担保重要衍生物的备用信用证置于传统从属性担保的范畴加以规制,其最重要的原因正是基于商事实践产生的备用信用证制度自产生之初就是商事内发需求导向下信用证业务扩展的个性化产物,此一明确的目的因子也表明其从未成长于传统担保制度的土壤[3],当然也无须受到传统担保法律制度的束缚。英美法系判例法的自由基因又进一步在发展中赋予其百花齐放的功能扩展,独立担保跨越国际、国内的界限被应用于电子商务、建筑工程、融资租赁等各个方面[4]。

---

[1] Kum v. Wah Tat Bank Ltd. [1971] 1 Lloyd's Rep. 439.

[2] Harfield Henry. *The Increasing Domestic Use of the Letters of Credit*. U. C. C. L. J.,1972(4):251.

[3] 在英美法国家的法律实践中,尽管信用证与独立保函功用存在差异,但均被视为现金,适用类似的法律规则。这一点在英美法系国家的大量判例法中均有统一体现。See: Edward Owen Engineering Ltd. v. Barclays Bank International Ltd. [1978] Q. B. 159; United Trading Corp. SA v. Allied Arab Bank Ltd. [1985] 2 Lloyd's Rep. 554(CA); Tukan Timber Ltd. v. Barclays Bank Plc. [1987] 1 Lloyd's Rep. 171.

[4] Stein Joshua. *An Update on the Bankruptcy Law of Large Letters of Credit for Leases*. Real Property, Probate, and Trust Journal, 2010(2); Pealer Casius. *The Use of Standby Letters of Credit in Public and Affordable Housing Projects*. Journal of Affordable Housing & Community Development Law, 2005(3).

第三节 中国的独立担保制度

一、接纳阶段的制度争议

（一）国内、国际独立担保制度的差别规制

独立担保制度在不同法系、不同国度中的经历和试错过程，充分体现了其制度发展对于本土商事实践的内发适应性需求。如同法国、德国等大陆法系国家一样，我国法制对独立担保制度的接纳也经历了较长的矛盾期。20世纪80年代开始，我国的国际融资担保实践就已经出现了大量以独立保函为债权担保方式的案例，但在很长的历史时间里，国内立法都没有明确地认可独立保函区别于从属性担保的独立性特征。在1986年颁布的《民法通则》中，担保合同被明确为主合同的从合同。1995年颁布的《担保法》第5条第1款在肯定了主从合同法律关系的基础上，提出"担保合同另有约定的，按照约定"，但在其后2000年的《最高人民法院关于适用〈中华人民共和国担保法〉若干问题的解释》中，并没有对此"但书"作出明确的解释。《担保法》第5条的"但书"虽然给非从属性担保的法律效力留下了一定空间，但并没有承认独立保函的独立性。此后，1996年中国人民银行的《境内机构对外担保管理办法》提出境内机构可以以备用信用证对外提供担保，但却将"债务人未按合同约定偿还债务"作为担保人履行偿款义务的先决条件。[1]

我国立法在独立保函问题上的含混不清，也造成了独立保函的国内有效性多次被法院以判决的形式予以否认，如在1998年的"湖南机械进出口公司、海南国际租赁公司与宁波东方投资公司代理进口合同案"[2]中，最高人民法院就判定，当事人关于涉案保函不因委托人的原因导致代理进口协议书无效而失去担保责任的约定无效。这一案件也成为最高人民法院明确认定在国内的民事活动中不采取独立担保方式的标志性案件。然而，面对蜂拥而至的独立保函的涉外商业应用，在一系列涉外商事的独立保函案件中，最高人民法院的判决又反映了截然不同的态度，比如在"意大利商业银行诉江苏

---

[1] 这从一定意义上直接否定了备用信用证的独立性特征，与国际上对备用信用证的法律特征的界定背道而驰。

[2] 最高人民法院(1998)经终字第184号。

溧阳莎菲特非公司"[1]一案中,最高人民法院就支持了原审江苏高级人民法院的判决,认为对于保证行意大利银行应当承担的责任,应首先确认案中保函的法律适用问题,进而明确了国际商会《见索即付保函统一规则》作为国际惯例在我国涉外独立保函案件中的适用,承认了独立保函的独立性特征;再如在"马来西亚KUB电力公司诉被告中国光大银行股份有限公司沈阳分行见索即付保函案"中,涉外独立保函承兑中的表面审查原则也得到了确认。[2]

在近30年的时间里,国内商事交易和国际商事交易中独立保函的适用一直呈现割裂化状况,为此,很多学者提出异议。[3]厦门大学的李国安教授也早在2005年就在其文章中指出:"在担保合同当事人约定为独立担保时,首先应认定其有效性,而不论其为国内担保还是国际担保(含对内和对外担保),也没有理由将其限于就基础合同的无效后果承担责任,否则,不仅有违法律授权条款的效力,而且不利于保护本国受益人的利益。"[4]在我国独立担保立法还属于空白的现状下,出于对独立保函风险不确定性的担扰,暂缓对国内独立保函效力的认可,从一定意义上或许有利于我国独立担保制度循序渐进的发展。然而,从立法的角度,否认独立保函不同于传统担保的独立性特征,是完全不符合国际担保法律制度发展方向的。

(二) 多样化的建构模式探索

在我国,早期确立独立担保法律制度的最大障碍就是保函的欺诈和滥用问题,对于制度本身的引入,学界很早就达成共识,明确独立保函的法律地位已为大势所趋,但对于独立担保的立法选择问题,法学界探讨不断。

1. 选择之一:修订《担保法》的司法解释

尽管我国目前立法上没有承认独立担保的法律地位,但亦没有任何成文

---

[1] 最高人民法院(1998)经终字第289号。
[2] 辽宁省沈阳市中级人民法院(2004)沈中民(4)外初字第12号。法院根据本案所涉保函中中国光大银行沈阳分行关于付款条件的表述,判定该保函的索赔仅需要凭表面上符合保函规定的文件(这些文件一般限于受益人的索付声明,表明导致银行付款的事实条件发生与否,不需要银行加以证实)即付,对照该规则中的相关定义可以判定本案保函属于独立性保函中的见索即付保函,因此保函虽然提及了沈阳机械设备进出口公司与本案原告之间的合同,但是独立保函的性质可以判断出此保函与其基础合同无关。
[3] 陈毅群:《关于构建我国独立担保制度的若干思考》,《法制与社会》2012年第12期(下),第38页;古小东:《论独立担保在我国的法律效力》,《上海金融》2006年第11期,第62页。
[4] 李国安:《我国独立担保的实践与立法完善》,《厦门大学学报(哲学社会科学版)》2005年第1期,第60页。

法明确否认独立保函的独立性特征。1995年颁布的《担保法》在第5条第1款肯定了主从合同的法律关系的基础上,提出"担保合同另有约定的,按照约定",只是其后2000年的《最高人民法院关于适用〈中华人民共和国担保法〉若干问题的解释》中,并没有对此"但书"作出明确的解释,由此才未能明确独立担保的独立性法律地位。尽管有学者认为依据2007年物权法的规定[1],否认了当事人在无法律例外规定情形下对独立担保的约定的法律效力[2],独立担保作为一项特殊的信用担保形式,应当属于区别于一般物的担保的人的担保,不应当适用物权法中关于担保物权的法律规定。换言之,"独立担保仅存在于人的担保之中,而在物的担保之中不存在独立担保合同"[3],独立担保法律效力与物权法的第172条规定是不存在任何冲突的。因此,实际上从立法的角度而言,对独立担保独立性法律效力的确认是不存在任何实质性障碍的。我国司法界在一系列涉外商事案件中对独立保函法律效力的承认,更充分地证明了这一点。因此,在2000年《担保法》第5条第1款的基础上对《担保法》的司法解释进行修订,的确是承认独立保函法律效力简易有效的立法方式之一。

然而,独立担保制度作为区别于传统担保的特殊担保制度,其所涉及的法律关系与传统担保有着天壤之别,仅仅通过对《担保法》司法解释的修订显然不足以解决独立担保法律关系中可能产生的一系列法律问题,如保函欺诈问题。如果在修订了《担保法》的司法解释后还要再出台相关独立担保法律规范,那此项修订就变得毫无意义了。

2. 选择之二:对独立担保制度单独立法或出台有关独立担保制度的司法解释

独立担保制度作为十分专业和细致的法律制度,通过全国人大对其单独立法,难度的确很大。然而在全球化的商业背景下,独立保函业务迅猛发展,截至1995年全球商业银行因提供独立性担保而负债的总额已达5 000亿美元。[4] 而我国,截至2006年上半年,四大国有商业银行的保函业务余

---

[1]《中华人民共和国物权法》(简称《物权法》)第172条:"设立担保物权,应当依照本法和其他法律的规定订立担保合同。担保合同是主债权债务合同的从合同。主债权债务合同无效,担保合同无效,但法律另有规定的除外。"

[2] 参见仲相:《论独立担保的适用范围与法律效力》,《人民司法》2011年第11期,第85页。

[3] 费安玲:《比较担保法》,中国政法大学出版社,2004年,第86页。

[4] 参见周辉斌:《银行保函与备用信用证法律实务》,中信出版社,2003年,第131页。

额可达 400 亿美元,仅中国银行一家 2006 年上半年即可实现超过 3 亿人民币的保函业务收益。随着我国金融业的不断发展,备用信用证和独立担保在我国的普遍使用是必然趋势,此类法律纠纷的产生也会应运而生,因此由最高人民法院出台专门的司法解释无疑是完善独立担保法律制度的可行选择之一。

3. 选择之三:完善信用证的司法解释,并援引之

尽管信用证和独立保函在商业用途上存在明显的差别[1],但其在法律关系方面其实是完全相同的,都涉及申请人、开证行和受益人三方当事人间的两两独立交易。因此,信用证和独立保函的独立性特征是完全一致的,这一点在英美国家的案例法有明确的体现。[2] 实际上,英美国家对于独立担保法律关系中的欺诈例外问题,也是采用的与信用证中的欺诈例外完全相同的适用原则,美国更是在 UCC 的第 5 编中明确了对商业信用证和备用信用证的统一规制[3],将独立担保从名称到归类上划入了信用证的实务范围。

(三)《独立保函司法解释》的出台

早期我国司法对国内、国际独立担保制度的差别规制与法国的司法实践十分接近,独立担保在实践中可能产生的欺诈和滥用之弊端延缓了独立担保制度在我国的发展脚步。而后,经过数年的起草,数易其稿,2016 年 11 月《最高人民法院关于审理独立保函纠纷案件若干问题的规定》正式出台,终于将独立保函从以从属性为基石的担保法中独立出来,结束了学界和实务界十多年来国内交易项下独立保函的有效性的争论。这一规则的制定也开启了中国商事规则的本土化篇章。《独立保函司法解释》连同 2016 年 5 月公布的新《国内信用证结算办法》和 2005 年 10 月公布的《最高人民法院关于审理信用证纠纷案件若干问题的规定》(简称《信用证司法解释》),我国独立担保制度也初具雏形。

当前《独立保函司法解释》以单列的形式确认独立保函特殊的商事工具性,实际上更倾向于采用英美法个性化规则的立法形式。这一方面宣告了学

---

[1] 信用证主要起到保证基础合同货款支付的功能,而独立保函则是用来防止基础合同一方不履行承诺的。

[2] Edward Owen Engineering Ltd. v. Barclays Bank International Ltd. [1978] Q. B. 159.

[3] 参见 UCC 的官方解释文件。

界和实务界十多年来对国内交易项下独立保函有效性的争论的终结,另一方面也揭开了新时代中国经济引领下中国法国际商事规则探索的新篇章。长期以来,贸易后发性特质而导致的中国商事规则过度受到外国法律理论和法律思维的束缚,然从独立担保于两大法系代表性国家的发展差异看来,本土商事实践的内发性需求才是制度存在与发展的原动力,中国独立担保制度的建立与完善必须以中国实践、中国需要为基本发展向度。出于服务于"一带一路"倡议需求以及时代背景和商事实践的功能导向,在立法上我国"独立担保"基本摆脱了传统担保制度从属性的束缚。

面对共享经济和网络金融的迅速发展下我国银行独立担保业务的持续扩张[1],《独立保函司法解释》的序言明确了其制定目的,即"为正确审理独立保函纠纷案件,切实维护当事人的合法权益,服务和保障'一带一路'建设,促进对外开放"。这一目的点明了中国独立担保制度的建立初衷是适应国际商事新发展冲击下,独立保函业务在我国的发展,而"一带一路"倡议又进一步为其发展指明了方向。从司法实践上看,最高人民法院近期公布的"一带一路"建设典型案例集中,涉及独立担保纠纷的就达到1/3以上。[2]独立担保领域无疑已成为"一带一路"纠纷的"重灾区"。《独立保函司法解释》作为"一带一路"倡议的配套法则,同时也是中国法在国际商事立法上的重要探索,但从当前的法律效果上看,部分规则仍存在缺陷:在微观上,对于保函独立性的认定、欺诈例外的适用等独立担保领域争议较大的问题,现有规则仍存在表面化、宽泛化的情形,未能给人民法院提供明确判案指引,其内容在"一带一路"倡议下的聚焦也存在差距;在宏观上,我国当前独立担保的立法主要采用的是具体规则单独立法的主要形式,碎片化的立法不利于我国独立担保制度的全局性建构。

二、当前我国独立担保制度中存在的具体问题

(一)保函的独立性认定问题

在独立担保的独立性认定问题上,《独立保函司法解释》只在第1条以独立保函订立程序的角度,定义了独立保函的基本内涵,但并未就独立保函的

---

[1] 陆璐:《保函欺诈例外:一例国际商事规则的中国式创新诠释》,《河南师范大学学报(哲学社会科学版)》2018年第1期,第76页。

[2]《最高法发布涉"一带一路"建设十起典型案例》,http://legal.people.com.cn/n1/2017/0515/c42510-29276815.html,访问日期:2019年5月16日。

司法认定作出明确规定,而是在第3条列举了保函文本中明言其为独立保函的文字表示。[1]这为司法界认定独立保函造成一定困扰,自《独立保函司法解释》出台以来,发生的数十起独立担保纠纷中,关于保函独立性认定的案件占比近50%;一旦保函中未明确写明其"见索即付"或"适用国际商会《独立保函见索即付统一规则》"之性质,法官则需依据"保函文本内容"运用自由裁量权对保函的性质进行判定。在中国电子工程设计院与长安保证担保有限公司成都分公司等保证合同纠纷[2]、重庆长江轮船公司与台州市银合投资担保有限公司海事担保合同纠纷[3]、杭州长乔旅游投资集团股份有限公司与杭州银行股份有限公司西湖支行信用证纠纷[4]等案件中,均存在法官自由裁量引起的裁量标准不一的情形。在中国电子工程设计院与长安保证担保有限公司成都分公司等保证合同纠纷一案中,中国电子工程设计院与分包商南充营运劳务开发有限公司签订了分包合同,长安保证担保有限公司成都分公司应分包商申请,给中国电子工程设计院出具了一份不可撤销的预付款保函,其内容中明确长安保证担保有限公司收到中国电子工程设计院的书面索赔通知书及本保函正本,说明分包商未能按照合同规定履行合同义务的情况下,长安保证担保有限公司立即无条件按贵方的要求支付索赔款项,但索赔总额最大不超过一定保函金额。但在保函文本描述中,并未清楚地载明"见索即付"或"适用国际商会《见索即付保函统一规则》",在该案判决书中,法官并未对独立保函的性质作出有力的论证,一审认为长安担保成都分公司给中国电子设计院出具的预付款保函符合连带责任保证的性质,二审认为一审判决认定事实清楚,适用法律正确,维持了一审判决。在重庆长江轮船公司(简称"重轮公司")与台州市银合投资担保有限公司(简称"台州银合公司")海事担保合同纠纷一案中,涉案《履约担保保函》约定载明:被告台州银合公司在接到原告重轮公司提出的因第三人方圆公司在任何方面未能履约,或违背合同条款中任何责任和义务而要求没收第三人方圆公司履约保证金的书面通知(包括信函、电报、传真)后的15天内,在担保金的限额内向原告重轮公司支付该款项,无需原告重轮公司出具证明或陈述理由。该《履约担保保函》只载明了据以付款的单据和最高限额,未明确表示出独立于基础合同或保函

---

[1]《独立保函司法解释》第1条、第3条。
[2] 北京市第二中级人民法院(2016)京02民终1918号。
[3] 湖北省武汉市江汉区人民法院(2016)鄂72民初698号。
[4] 浙江省杭州市西湖区人民法院(2017)浙0106民初4086号。

申请关系的独立的付款责任,亦未载明"见索即付"或"适用国际商会《见索即付独立保函统一规则》",但在该案判决书中,法院认定该保函为符合《独立保函司法解释》第3条认定规则的独立保函。而在杭州长乔旅游投资集团股份有限公司与杭州银行股份有限公司西湖支行信用证纠纷一案中,涉案保函明确了最高付款金额,但同样未明确保函见索即付或适用国际商会《见索即付独立保函统一规则》,同时在涉案保函第二项载明"本保函开立后,如果贵方与承包人协商变更原合同及《补充协议一》及《补充协议二》任何条款,应事先征得我行书面认可,否则我行在本保函项下的责任自动解除"。这一条款在一定意义上否定了独立保函完全独立于基础合同的基本特征,最终法院依旧认定涉案保函性质为独立保函。从以上保函独立性认定争议中不难看出,《独立保函司法解释》第3条并未能实际解决保函的独立性认定问题,其对保函独立性认定的基本标准的模糊已经给国内法院的司法实践造成了一定困扰。

从独立担保的国际实践看来,无论是美国法忽略保函称谓基于保函承诺内容之独立性的宽松认定,还是法国强调明确担保债务标的的独立性和担保人放弃基于被担保合同的抗辩两项事宜的严格认定,均不以"独立保函"字样的文书为考量依据。相对而言,当前《独立保函司法解释》第3条的列举式明言要求尽管在一定程度上吸纳了国际通用商事规则对独立保函的表述性称谓,但其规避保函独立性认定之效果可见一斑;第3条的规定在一定意义上仍然以保函文件表面的文字表述为判定独立担保成立的依据,并未为法官的自由裁量提供基本依据和判定标准。作为中国法在国际商事立法上的重要探索的《独立保函司法解释》对于独立性认定的谨慎规制可以理解,但更应适度采纳国际独立担保规则的探索成果,"存在即合理",法国、美国等早于我国接纳独立担保制度的发达国家在独立性判定问题上"重实质轻形式"的一致性规则值得借鉴,我国《独立保函司法解释》的认定规则在三要素的基础上,提出保函须载明据以付款的单据和最高金额在形式化考量上具备了更为细致的认定标准,但在实质化认定的探索上仍有待完善。

(二)保函欺诈问题

《独立保函司法解释》第12条[1]参见2005年10月24日最高人民法院

---

[1]《独立保函司法解释》第12条。

审判委员会通过的《最高人民法院关于审理信用证纠纷案件若干问题的规定》[1]，采纳了信用证欺诈例外规则对在独立担保领域的适用，详细规定了欺诈例外的主要情形，相对减少了保函欺诈认定争议，近期保函纠纷案件中涉及欺诈认定的案件相对占比较少，这也说明了法律规制的详细性于司法裁决的确定性的积极作用。然而不同历史时期、社会背景下社会问题所引起的法律纠纷也存在差异。以法国的实践为例，在相当的历史时期内，独立担保的欺诈争议并不多见，大多银行以及出口企业均十分重视国际信誉，名声的重要性使得他们更愿意立即支付。在"一带一路"倡议下，我国的独立担保业务必然面临特殊形势下的特殊问题。[2]

一方面，以"一带一路"为实践导向的独立保函的应用则可能面对完全不同的商事挑战。总体而言，"一带一路"沿线国家多处于现代化建设阶段，面临突出的政治转制、经济转轨、社会转型的艰巨任务，国内政治经济的稳定性和成熟度普遍较低，法律规制也相对不健全。此时我国企业要"走出去"拓展境外承包工程业务，除了需要依靠自身雄厚的实力外，更赖于国内金融的系统性支持，银行等金融机构以独立保函为媒介为出口信贷提供优惠资金支持和国别风险保障急需完备的法律依托。此外，更重要的是，"一带一路"沿线国家多为新兴的发展中国家，有些区域冲突高发、政权动荡。政府机构及企业为保护自身利益，在工程类保函中常出现权责不对等或异常苛刻的条款，欺诈索赔现象更是屡见不鲜。2017年7月的科威特AL-Nahda公司恶意兑付工程履约保函事件就是重要警示例证。[3]

另一方面，从《独立保函司法解释》公布后的近10起涉及独立保函欺诈的案件看来，第12条所规定的5类情形依然存在相当的适用异议，比如根据

---

[1] 《信用证司法解释》第8条。
[2] 2015年商务部数据显示，我国企业对"一带一路"沿线的59个国家有新增投资：直接投资124亿美元；新签承包工程合同额1135亿美元，同比增长13%。预计从2016年至2020年，"一带一路"基础设施合意投资需求至少达10.6万亿美元。这可能成为由单个国家推动发起的最大规模的海外投资。"一带一路"的历史机遇推动了沿线国家工程类保函的规模式发展，无论是投标保函、中标后的预付款保函、履约保函，还是项目完工后的质量维修保函、留置金保函等，均呈现不同比例的大幅增加。
[3] 2017年7月，某中资企业由中间人介绍与科威特公司AL-Nahda公司签署了分包合同，转包其中标的科威特某政府部委工程项目，分包合同约定该中资企业应当在分包合同签署后立即向AL-Nahda公司全额开具无条件履约保函，但AL-Nahda公司在中资企业尚未与该项目业主签署主合同的情况下，收取该中资企业履约保函后，以中资企业违约、无条件保函见索即付为由，向保函开具银行申请兑付，造成中资企业巨额财产损失。

第12条第2款单据虚假情形仅限于第三方单据的规定,在中国工商银行股份有限公司义乌分行与中国技术进出口总公司信用证欺诈纠纷案[1]中,二审法院就以受益人中国技术进出口总公司提供的单据不属于"第三方"为由,直接排除欺诈认定的第2款,并未对单据的真实性进行审查,此类情形是否可能适用第5款"受益人明知其没有付款请求权仍滥用该权利的其他情形"有待商榷,但由于第三方单据的严格限定而中止进一步进行单据欺诈的审查明显不符合保函欺诈审查国际惯例。实际上,在信用证欺诈的发源地之一的美国,对于欺诈例外的适用通常以欺诈的实质性作为认定根本依据,涉及欺诈之单据的基本来源从未成为欺诈认定的考量要素[2];而英国司法对于欺诈例外条款的应用更是特别强调受益人本身的主观欺诈行为[3],将第三方过错引发的单据虚假行为排除在欺诈例外的适用范围之外。尽管英国将第三方欺诈排除在欺诈例外的适用范围以外的合理性有待商榷,但相较于受益人的主观欺诈性,我国法将单据的来源作为欺诈例外适用的重要考量因素更缺乏依据。我国《独立保函司法解释》作为国内企业、银行"走出去"的重要法律依托,在欺诈例外的认定标准上固然应该参考在欧美发达国家主导下的多项国际规则的认定标准,但更应当针对新的历史形势,结合本国商事实践中的具体问题,对规则内容进行适当调整。

(三)"保函止付"裁定下达任意化问题

"保函止付"申请是独立保函开立申请人,为防止受益人欺诈索款,向法院寻求司法救济的措施。"保函欺诈"是"保函止付"裁定下达的主要依据之一。《独立保函司法解释》从第12条至第22条分别对实体和程序问题作出了详细规定,特别是第14条明确了法院裁定"保函止付"必须同时具备的条件,即欺诈的高度可能性、情况的紧急性、损失的难以弥补性、担保的足额性,

---

[1] 浙江省杭州市萧山区人民法院(2016)浙民终922号。

[2] 欺诈例外规则最早出现在1941年美国的信用证案件Sztejn v. J. Henry Schroder Banking Corp. [1941] 4 N. Y. S. 2d 631中,1995年,UCC的修订版第5编第109条中,美国法律界又明确把"实质性欺诈"作为衡量欺诈例外规则中"欺诈"是否成立的重要标准,同时适用于信用证和独立保函。

[3] 在英国欺诈例外条款适用的标志性案件The American Accord中,大法官Diplock在终审裁决中明确否认了上诉庭提出的"half-way house"理论,实质性地拒绝了对美国实质性欺诈标准的采纳,也形成了英国"受益人欺诈"理论,即受益人主观的欺诈故意的证实成为英国欺诈例外适用的关键,如果不能证明受益人的主观故意,即便证实受益人的付款请求不实或提交单据虚假,付款行也不能据此拒付。

同时将其下达标准与第 20 条[1]的终止止付标准作出了区分,二者项下对欺诈认定的证明标准区别为"高度可能性"与"排除合理怀疑"。根据对中国裁判文书有关"独立保函纠纷"案件的整理,截至 2019 年 4 月,涉及"保函止付"问题的案件达 20 余起,相较于 60 余起的保函纠纷整体数量,"保函止付"占据了相当的比例。从审判结果数据上看,一审法院对保函中止支付的申请批准率达 90%以上。法院在审理中极少对保函项下涉及的欺诈可能性问题作深入探讨。在大量的案件中,如中国电建集团北京勘测设计研究院有限公司与中国农业银行股份有限公司北京朝阳支行等民事纠纷案[2]、奥的斯电梯(中国)有限公司与江西正盛时代置业有限公司其他民事纠纷案[3]、天津市天锻压力机有限公司与世安株式会社(SEANINC.)其他民事纠纷案[4]、中车四方车辆有限公司与中国建设银行股份有限公司青岛四方支行其他民事纠纷案[5]、中国电建集团山东电力管道工程有限公司与浙江石油化工有限公司其他民事纠纷案[6],以及浙江伟明环保股份有限公司与琼海市城市管理局合同、无因管理、不当得利纠纷民事纠纷案[7]等,法院仅以"涉嫌滥用该权利的可能性"为依据就裁定中止支付,法院任意下达"保函止付"裁定的现象极为严重,这在很大程度上破坏了独立保函的独立性原则,未能清晰领会《独立保函司法解释》的立法目的和制度衡量。

小 结

独立担保制度的存在与发展是其独立化、单据化优势合理实践于国际商事领域的结果,不同国家、不同区域在不同历史时期的商事发展需求决定了其制度发展的基本向度。2016 年《最高人民法院关于审理独立保函纠纷案件若干问题的规定》的出台,填补了我国独立担保领域的法律缺失,具有相当

---

[1] 《最高人民法院关于审理独立保函纠纷案件若干问题的规定》第 20 条:"人民法院经审理独立保函欺诈纠纷案件,能够排除合理怀疑地认定构成独立保函欺诈,并且不存在本规定第 14 条第 3 款情形的,应当判决开立人终止支付独立保函项下被请求的款项。"
[2] 北京市朝阳区人民法院(2018)京 0105 民初 65291 号。
[3] 天津市和平区人民法院(2017)津 0101 财保 222 号。
[4] 天津市第二中级人民法院(2017)津 02 财保 1 号。
[5] 山东省青岛市中级人民法院(2018)鲁 02 行保 1 号。
[6] 山东省新泰市人民法院(2018)鲁 0982 财保 652 号。
[7] 温州市鹿城区人民法院(2017)浙 0302 财保 24 号。

的前沿性,但作为"一带一路"倡议的配套规则,其与我国当前商事实践发展下的本土需求仍有差距。中国式独立担保应当以"一带一路"倡议需求为导向,结合全球化背景下国际商事立法的趋同性走向,从宏观上考量包括信用证、备用信用证等各类独立担保衍生物在内的独立担保制度建构,同时在微观上结合本国商事实践中的具体问题,对独立性认定、保函欺诈、保函止付等规则内容进行适当调整和细化。这些问题,本书将在后面的章节中分别予以探讨。

第二章

保函独立性认定问题

  法律的生命不在于逻辑,而在于经历。[1]世界上任何国家、族群的法律规则都不可能在完全不依靠、参照社会发展基本事件乃至规律的基础上完成独立创造,只有在不断总结、比较和试错的过程中形成的法律规则才可能实现在适应一定时间和空间范围基础上的优化治理模式。[2]《独立保函司法解释》结束了学界和实务界十多年来国内交易项下独立保函有效性的争议,从根本上承认了独立保函区别于从属性担保的法律地位。作为"一带一路"倡议的配套法则,《独立保函司法解释》同时也是中国法在国际商事立法上的重要探索,对保函独立性的认定作为独立担保法律制度中的基础问题,其司法实践的实际情况对于该制度在中国的发展尤为重要。《独立保函司法解释》的第1条和第3条对于独立保函独立性的形式要件作出了基本规定,也对保函独立性认定的实质判定作出了基本指引,然从其出台至今的案例梳理情况看,各级法院对独立保函的独立性认定依据及对具体条款的解读,仍然存在相当的分歧。

---

  [1] 原文:"The life of the law has not been logic; it has been experience." 参见 Holmes O W. Jr. *The Common Law*. Boston: Little, Brown and Company, 1881: 1-2.
  [2] 沈国明:《改革开放40年法治中国建设:成就、经验与未来》,《东方法学》2018年第6期,第62页。

第一节 概 述

《独立保函司法解释》自出台至今,已有近四年的时间,从源自中国裁判文书网的案件梳理情况看,截至2019年4月基于《独立保函司法解释》审理的相关保函纠纷案件判决书达60余份,其中涉及保函独立性认定的案件达30余起,占比近50%(见图1),纠纷内容主要涉及单据、基础合同援引和连带责任认定等。

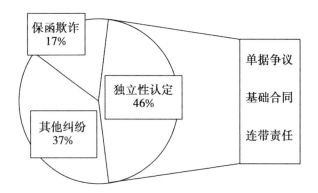

图1 独立保函纠纷案件分类占比

独立保函的独立性认定问题,主要是在《独立保函司法解释》第1条和第3条[1]中予以规定的。《独立保函司法解释》第1条从独立保函订立程序的角度,定义了独立保函的基本内涵,但并未就独立保函的司法认定作出明确规定,而是在第3条列举了保函文本中明言其为独立保函的文字表示。在司法实践中,如果金融机构开立的保函载明据以付款的单据和最高金额,但未明确写明"见索即付"或"适用国际商会《独立保函见索即付统一规则》"等独立

---

[1]《独立保函司法解释》第1条:"本规定所称的独立保函,是指银行或非银行金融机构作为开立人,以书面形式向受益人出具的同意在受益人请求付款并提交符合保函要求的单据时,向其支付特定款项或在保函最高金额内付款的承诺。"第3条:"保函具有下列情形之一,当事人主张保函性质为独立保函的,人民法院应予支持,但保函未载明据以付款的单据和最高金额的除外:(一)保函载明见索即付;(二)保函载明适用国际商会《见索即付保函统一规则》等独立保函交易示范规则;(三)根据保函文本内容,开立人的付款义务独立于基础交易关系及保函申请法律关系,其仅承担相符交单的付款责任。当事人以独立保函记载了对应的基础交易为由,主张该保函性质为一般保证或连带保证的,人民法院不予支持。当事人主张独立保函适用担保法关于一般保证或连带保证规定的,人民法院不予支持。"

保函交易示范规则",法官则会依据"保函文本内容"运用自由裁量权对保函的性质进行判定,然而由于对"单据""最高额"等保函形式要件的认定仍存在盲点,在具体的案件中,单据的具体内容、对基础交易的援引、从属性担保条款的存在,均成为法院审理相关案件时的考量因素,在此情形下,法院判决出现分歧的情况也相继发生,比如:

在同样以"书面请求"作为唯一付款单据要求的"重庆市永川区政鑫国有资产经营有限责任公司与中国建设银行股份有限公司南昌铁路支行合同纠纷案"[1]和"广东爱玛车业科技有限公司与交通银行股份有限公司深圳罗湖支行信用证纠纷案"[2]中,重庆市永川区人民法院和广东省深圳市罗湖区人民法院就对单据作为独立保函形式要件的认定提出了不同的标准:前者法院认为虽然被告辩称原告持有的两份保函均未明确载明据以付款的单据,不符合独立保函的形式要件,但根据《独立保函司法解释》第1条第2款之规定,符合保函要求的单据可以是付款请求书、违约声明等,而原告持有的两份保函中载明"你方(指原告)第一次书面提出要求"或"第一次提出要求"时,建行南昌铁路支行就无条件付款。据此,被告作为保函的开立人,已经明确载明了据以付款的单据形式,即为付款请求书,完全符合独立保函的形式要件。而后者法院则认为虽然被告在该保函中表述"在原告提出因第三人没有履行上述合同规定而要求收回上述金额的任何付款的书面要求后,于30个工作日内"付款,承诺"见索即付",但是保函未载明被告据以付款的单据,不符合独立保函的独立性和跟单性。

在同样涉及基础交易为保函赔付前提的"中铁十五局集团有限公司与中国建设银行股份有限公司深圳市分行合同纠纷案"[3]与"杭州长乔旅游投资集团股份有限公司与杭州银行股份有限公司西湖支行信用证纠纷案"[4]中,前者法院以保函"将赔付前提限定为违约行为造成经济损失"作为提出书面申请的前提为由否认了保函的独立性,认为保函没有完全独立于基础法律关系;而后者则认为保函中出现的与独立保函独立性相违背的内容均属于无效条款,不影响保函的独立性。

在基本形式要件符合独立保函要求的"上海北海船务股份有限公司与中

---

[1] 重庆市永川区人民法院(2016)渝0118民初406号。
[2] 广东省深圳市罗湖区人民法院(2018)粤0303民初21765号。
[3] 广东省深圳市福田区人民法院(2016)粤03民初2515号。
[4] 浙江省杭州市西湖区人民法院(2017)浙0106民初4086号。

国光大银行股份有限公司南京分行、江苏熔盛重工有限公司海事担保合同纠纷案"[1]和"秦建来与中国工商银行股份有限公司范县支行保证合同纠纷案"中，武汉海事法院和江苏省盐城市中级人民法院基于"独立性条款"与"连带责任条款"并存的情况作出了不同判决：前者法院认为《预付款保函》第1条所称光大银行在熔盛公司应当退还北海公司支付的进度款时，光大银行将承担"连带保证责任"这一措辞，与该保函第2条所设立的北海公司交单、光大银行审单后付款义务相矛盾，但该保函系光大银行所开立，其作为专业金融机构，理应清晰地表明保函的性质，否则因保函条款理解而产生争议时，应作有利于受益人即北海公司的解释，因此判定保函仍然可认定为独立保函。而后者法院则以案涉保兑保函虽然载明保证该商业承兑汇票的开具真实、合法、有效，具有真实、合法的商品交易背景，保证承兑人在商业承兑汇票到期日无条件支付足额票款；对此，同时提出"我行承担连带保证责任"，因此，该保函应当属于保证承诺，不符合独立保函的相关规定，不属于独立保函。

　　上述具体案件中出现的判决分歧在一定程度上受到《独立保函司法解释》本身对独立性的规制思路和规制方法的影响[2]，但更反映了法院对保函独立性认定的判定思路和判定依据的援引差异，作为"一带一路"配套规制的《独立保函司法解释》，其出台本身就已肯定了独立保函在中国的实用价值和应用价值，司法实践在保函独立性认定问题上也应当根据中国的现实需求予以调整。事实上，任何法律活动，不论立法、司法还是执法，都不可避免地是"穿行于事实和法律之间"的过程。[3]独立担保制度源于欧美发达国家，其规则适用的基本向度均与欧美在历史时期的商事发展需求相关，制度中对独立担保独立性的基本认定也无一例外地考虑实践商事的基本习惯。[4]各国立法实践、司法判例和国际惯例中单对独立担保的称谓应用就呈现出多样化的特点，对其独立性的认定也呈现个性化的区域差异：在欧洲国家更倾向于适用的《见索即付保函统一规则（URDG）》中，独立保函被称为"见索即付保函(Demand Guarantee)"；而在北美，基于备用信用证的传统产品性质，《国际

---

〔1〕 武汉海事法院(2014)武海法商字第00823号。

〔2〕 第1条和第3条的规定，过于强调独立保函成立的形式要件，特别是对"见索即付"的明确在一定程度上限制了独立保函的文字化存在形式。

〔3〕 谢晖：《中国古典法律解释中的目的智慧——追求法律的实用性》，《法学论坛》2005年第4期，第54页。

〔4〕 杨建军：《国家治理、生存权发展权改进与人类命运共同体的构建》，《法学论坛》2018年第1期，第22页。

备用信用证规则(ISP)》被直接适用于独立保函。[1]

第二节 域外独立保函的独立性认定思路

一、美国的备用信用证制度下的个性化规制认定

独立担保制度最早产生于英美法系,在美国,独立保函与备用信用证并无差异,换言之,在美国独立保函即为备用信用证,而备用信用证更是美国法上的独特产物,富有创造力的美国商人对具有支付功能的信用证进行了二次创造,给信用证这种古老支付工具赋予了新的担保功能。[2]传统观点认为,备用信用证是美国商人为了规避法律的禁止性规定,借用信用证的外衣发展出来的担保工具,1864年修订的《国民银行法》对银行业务能力进行了授权性的规定,其中不包括担保业务,联邦注册银行和各州银行无权就债务提供担保,为了规避这一限制,美国的银行开始通过为汇票背书或者开出信用证的方式提供担保。

基于商事自治原则产生的备用信用证制度,在美国自建构之初就具备了自由的血液,在此基础上产生的独立性认定规则也是生动而有个性的。作为美国最具权威的独立担保成文法规范美国《统一商法典》(UCC)第5编,从1952年的首部出台之始就将备用信用证与商业信用证置于同一范畴下统一规制。尽管备用信用证和商业信用证作为商事工具在事实目的上存在差异,但在美国的法律体系中,更倾向于忽略其是出于担保还是支付价款的商业目的,正如美国著名银行法专家哈菲尔德所言:"备用信用证用于担保的目的并发挥担保的功能是无关紧要的,包括用于货物销售情形下付款的信用证同样具备担保的特征,甚至早期的一些信用证被法院归为担保之列。某一工具用于何种目的以及实现了何种效果不应该对该工具本身的法律属性构成影响,特别是在其效果是完全合法的情形下。"[3]在此后UCC的多次修订中,对于备用信用证的规则修订也多倾向于适应其商事功用的多元化、细致化发展,

---

[1] 陆璐:《论独立担保制度下的保全救济》,《法学论坛》2016年第2期,第34页。

[2] 刘斌:《美国备用信用证制度的演进与借鉴》,《河南财经政法大学学报》2016年第2期,第158页。

[3] Harfield Henry. *The Increasing Domestic Use of the Letters of Credit*. U.C.C.L. J.,1972(4): 251.

增加了电子信用证相关条款、延期支付的基本规则等等,至于备用信用证的独立性及其于美国担保法体系的位阶问题从未成为困扰美国司法界的话题。在美国法中,一个承诺付款的法律文件究竟名为"独立保函"还是"履约保函"抑或"备用信用证"从来只是一个无关痛痒的称谓而已,只要承诺其具有独立性,法院即认定其具有独立担保的基本特征。[1] 美国法从未将作为独立担保重要衍生物的备用信用证置于传统从属性担保的范畴加以规制,也完全不将其与从属性担保相比较,其最重要的原因正是基于商事实践产生的备用信用证制自产生之初就是商事内发需求导向下信用证业务扩展的个性化产物,此一明确的目的因子也表示其从未成长于传统担保制度的土壤[2],当然也无须受到传统担保法律制度的束缚。英美法系判例法的自由基因又进一步在发展中赋予其百花齐放的功能扩展,独立担保跨越国际、国内的界限被应用于电子商务、建筑工程、融资租赁等各个方面。[3][4]

美国备用信用证制度下独立担保的个性化认定主要是源于其一定历史时期下制度发展的需要。商业信用证制度在美国产生很早[5],20 世纪 50 年代,美国国内的银行开始根据商事实践需求探索信用证更为广泛的商业工具价值。第二次世界大战结束后,由于战略物资缺乏,货币体系初建,一些贸易公司希望能在出口贸易活动中以相关商品直接换取等值的战略物资。这一物物交换的交易方式,在当时具有相当的风险性,于是贸易公司企图通过银行寻求保障,确保在出口商不能交付约定物资时依然可以获得一定金额的付款。此种类似担保的贸易需求实际上是一个第二顺序的付款担保,只有在出口商不能履行交货义务时方发生效力。美国商业银行根据此类需求开出了一定数量的信用证,在一般情况下,如果出口商按照约定履行了合同义务,交

---

〔1〕 Horn N, Wymeersch E. *Bank-Guarantees*, *Standby Letters of Credit and Performance Bonds in International Trade*. Boston: Kluwer Law Press, 1990: 17-18.

〔2〕 See: Edward Owen Engineering Ltd. v. Barclays Bank International Ltd. [1978] Q. B. 159; United Trading Corp. SA v. Allied Arab Bank Ltd. [1985] 2 Lloyd's Rep. 554(CA); Tukan Timber Ltd. v. Barclays Bank Plc. [1987] 1 Lloyd's Rep. 171,174.

〔3〕 Pealer Casius. *The Use of Standby Letters of Credit in Public and Affordable Housing Projects*. Journal of Affordable Housing & Community Development Law, 2005(3).

〔4〕 Stein Joshua. *An Update on the Bankruptcy Law of Large Letters of Credit for Leases*. Real Property, Probate, and Trust Journal, 2010(2).

〔5〕 关于信用证制度产生于英美法的商事实践,其起源的具体实践难以明确考证,但自 19 世纪中后期的案例中就不乏对商业信用证的功能性论述。KING R. *Gutteridge and Megrah's Law of Bankers' Commercial Credits*. London: Europa Publications Limited, 2001: 3.

付战略物资,那么美国国内的贸易公司就允许银行取消前述信用证,否则,公司将有权利获得信用证项下的付款。[1]这一类信用证在一定程度上扩展了传统商业信用证的基本功能,其存在目的并非是用以付款,而是用以保障付款,原先的合同约定无法履行时,信用证条款才发生效力。这种作为第二顺序付款方式的信用证正是美国独立担保工具的雏形。在此基础上,用于担保交易的信用证业务在美国逐渐盛行,且被应用于建筑工程、票据保证,甚至家庭生活等各个领域,银行也可以对部分商业公司开出的票据以信用证的方式提供保证,保证到期未能得到偿付的持票人的利益。信用证作为一种"随时待命"(standby)的保证形式,其业务总量迅速增加,为了区别商业信用证的基本功用,美国人为此类信用证选择了最为符合商事外观原理的称谓——备用信用证(Standby Letters of Credit)。美国备用信用证业务的盛行,一方面与美国银行业规避禁止银行提供担保这一古老规则不无关系,但另一方面也是高度商事自治下信用证高效功用性引发的市场自然选择的结果。实际上,商法的功能就是允许商人在其力所能及的范围内自愿进行商事交易,而不必局限于那些他们认为陈旧不堪的传统。鉴于此,在美国无论是商业界还是法学界,都不认为对于独立保函独立性的认定应当拘泥于形式。独立保函作为商业工具的独立担保功能才是其存在的根本价值所在。

二、法国担保制度的融入型吸纳认定

相较美国、英国为代表的英美法系对独立担保制度的个性化吸收,独立担保在大陆法的发展则相对错综曲折,这也使得独立担保在法国、德国等欧洲国家的独立性认定问题较为复杂。以法国为例,如前文所述,在2006年法国担保法改革中,"独立担保"作为一种新型的人的担保在《法国民法典》中被固定下来。但其针对国内市场和国际市场适用不同规则的传统精神依然得以保留,在独立性的认定问题上亦然。

《法国民法典》第2321条所确立的"独立担保"的适用范围仅限于国内市场。实际上,独立担保于法国首先出现于国际市场,但与英美国家对信用证担保功能的积极应用不同,20世纪60年代开始,法国大型企业运用独立担保主要目的是替代国际合同订立中所必须设立的押金。早期,法国企业在中东

---

[1] Note D. *Recent Extension in Use of Commercial Letters of Credit*. Yale L. J.,1957(66):902.

和拉丁美洲的工程招标中都需要提供高昂的押金作为履约担保,为了减少数目不菲的经济压力,企业尝试以银行信用替代押金给进口方提供保障。[1]于是独立担保在法国国际商事领域应运而生。在相当长的一段时间里,由于法国银行以及出口企业十分注重国际声誉,法国参与的独立担保商事实践较少引发争议。[2]这也使得法国最高法院对涉及国际商事实务的独立担保的认定呈现较为宽松的态度,习惯于以"担保合同文书的内容"为基本依据,在当事人约定不明的情况下,法院则援引《合同法》的一般规则加以判断。整体上,法国法院对独立担保制度于国际商事领域的效力认定基本无障碍。直至独立担保制度由国际商事领域转入法国国内市场,由于国际市场和国内市场中采用独立担保的不同目的,法国法对"纯国内合同关系"的独立担保和"涉外"独立担保开始适用不同规则,对独立性的认定也较为保守和严格。

在法国国内市场出现的独立担保,虽然也如同国际市场领域一样具有一定的押金替代功能,但其更重要的设立目的是债权人逃脱传统"人的担保"设计的诸多抗辩对抗。法国传统的保证制度,是基于"人的担保",在此类保证中,提供担保的主体常常不是金融机构,而是普通企业或者自然人,法国法长期贯彻的保护弱势保证人的原则,使得此类保证中的债权人在主张债权时可能面对诸多抗辩,比如债权的从属性、保证人对风险的不确定性,这样的保证形式在高效率的商业时代被金融机构视为一种束缚和麻烦。法国法院初期对独立担保效力的承认也存在如中国法一样的保守态度。保函欺诈、违法、基础交易无效等诸多因素均为独立担保制度在法国发展的主要障碍;更重要的是,由于独立担保于法国国内法出现初期就存在着替代一般性"人的担保"的意图,立法者当然存在债权人滥用独立担保造成具有从属性的保证制度被架空的顾虑。在 2006 年法国担保法改革之前,法国法院对国内独立担保的效力承认一直呈现较为摇摆的状态。直到 2006 年 3 月,法国法将"独立担保"作为一种新型的人的担保在《法国民法典》中固定下来,根据规定,"独立担保人不能主张基于被担保的债务所生的抗辩"。独立担保人付款义务与被担保债务的独立性被予以明确,原则上独立担保人不能引用任何抗辩理由对抗受益人。这也表明,法国法正式将独立担保作为一种特殊的担保形式融于法国担保法律制度加以规制。但在法国担保法律制度的宏观框架下,独立担

---

〔1〕 李世刚:《法国担保法改革》,法律出版社,2011 年,第 23 页。

〔2〕 注重声誉的法国银行和出口企业通常出于名声的重要性,更愿意支付。Cass. Com. ,8 juin 1993 (法国最高人民法院商事庭 1993 年 6 月 8 日之一项判决)。

保的认定依然十分严苛,是否成立为独立担保主要取决于担保文书的内容。只有在担保文书中同时明确担保债务标的的独立性和担保人放弃基于被担保合同的抗辩两项事宜的情况下,该担保才能被认定为独立担保。在法国法院大量的判决中,已有"独立担保"字样的文书均因为不能同时满足两项事宜,而被认定为传统保证。

第三节 我国保函独立性认定思路的应然修正

从独立担保的域外实践看,无论是美国法忽略保函称谓基于保函承诺内容之独立性的宽松认定,还是法国强调明确担保债务标的的独立性和担保人放弃基于被担保合同的抗辩两项事宜的严格认定,都是以保函在商业实践中的应用目的需求为导向,均不以"独立担保"字样的文书为考量依据。从这点上看,当前《独立保函司法解释》第3条的列举式明言要求尽管在一定程度上吸纳了国际通用商事规则对独立保函的表述性称谓,但适用效果可见一斑[1];第3条的规定在一定意义上仍然以保函文件表面的文字表述为判定独立担保成立的依据,并不能给法官的自由裁量提供明确的判定标准。作为"一带一路"倡议的配套法则,《独立保函司法解释》的出台本身就是以适应"一带一路"背景下中国的商事发展为目的的,从"存在即合理"的角度,独立保函独立性的认定本不应当成为问题,美国对于"备用信用证"制度的包容性吸收就是详尽的例证。

我国司法机关对于新兴规则下保函独立性认定的谨慎态度可以理解,但更应适度采纳国际独立担保规则的探索成果。法国、美国等早于我国接纳独立担保制度的发达国家,在独立性判定问题上"重实质轻形式"的一致性规则值得借鉴。英美国家,区别于传统担保,将独立担保规则单列的立法形式与我国也更为接近。从规则制定目的的角度上看,国内司法对独立保函独立性的认定应当修正原有思路,采用更为宽松的政策。国内司法裁判中出现的部分过度谨慎的判决思路,表面上看可以规避风险,但同时也体现了国内司法对独立保函惯有的保守态度。《独立保函司法解释》的认定规则在三要素的基础上,提出保函须载明据以付款的单据和最高金额,这在形式上明确了认

---

[1] 刘斌:《独立担保的独立性:法理内涵与制度效力——兼评最高人民法院独立保函司法解释》,《比较法研究》2017年第5期,第29页。

定标准，但实质化的认定依据仍需通过司法实践得以完善。保函的实质化认定，应当遵循和考量独立担保制度于我国的产生及存在依据，同时正视独立保函在"一带一路"倡议下的特殊功用，承认当下国内行业的部分职业人员对保函及与保函相关的法律制度仍理解不清的实际情况，在明确目的需求的基础上，对认定思路进行细节化调整[1]，总体上对独立性认定采用积极肯定的态度，做到具体问题（纠纷）具体分析。

一、单据性问题

从司法实践在单据问题上出现的判决分歧来看，当前案件中的主要争议在于对单据的内容是否有明确要求，特别是当保函中只要求受益人出示书面请求书作为唯一单据时，是否会对保函的独立性产生影响。这一问题，虽然《独立保函司法解释》中并未作明确说明，但事实上在欧美国家，自独立保函产生伊始就已不存在争议。英国1978年 Edward Owen Engineering Ltd. v. Barclays Bank International Ltd.[2]一案中，丹宁（Denning）大法官在肯定独立保函适用信用证独立原则时就明确指出，"银行必须无条件地按保函的条款进行支付，不需要任何附加条件"，并进一步说，"即使是欺诈例外，在独立担保中的适用难度也是远高于在信用证中的，因为信用证一般是以交易单据为基础的，而提出保函的支付请求，受益人常常只需要提供一个书面请求而已"。基于独立保函的初始规则，我国司法对单据的认定必须建立在尊重保函的独立性和单据性的基础上，银行必须依据保函要求严格审查单据，当受益人提交之单据符合保函要求时，银行应当付款。人民法院不应扩大欺诈风险的可能性，否认独立保函的核心原则——独立抽象原则。

二、基础合同问题

独立于基础合同纠纷是信用证和独立保函成立的基础，也是其成立的价值所在。"根据现代法理学的一般见解，法律的合理性分为工具合理性与价值合理性：工具合理性因其具有形式和手段的特征，又可称为形式合理性；价值合理性因其探讨的是事物（比如法律）内在的正当性，因而又可称为实质

---

[1] 程啸：《民法典物权编担保物权制度的完善》，《比较法研究》2018年第2期，第52页。

[2] Edward Owen Engineering Ltd. v. Barclays Bank International Ltd. [1978] Q. B. 159.

合理性。"[1]独立担保是异于传统的从属性担保的一种独立于基础合同法律关系的特殊的信用担保形式,具有典型的商事功用性[2]。但这和独立担保本身完全脱离基础合同而存在是截然不同的,相反的,无论是信用证还是独立担保都是在有基础合同的前提下产生的,否则可能构成欺诈乃至诈骗。独立保函独立性的真正体现就在于作为担保人的银行或其他金融机构独立于基础交易的担保责任,这是对受益人利益的特别保护,也是金融机构开立保函的价值所在。所以实际上保函文本中是否提及基础交易、如何提及基础交易都不应当影响作为担保方的金融机构见索即付的责任。从这个角度上说,国内相关判例[3]中因为保函文本提及受益人请求因依托的基础合同而否认保函独立性的情形,等于根本扭曲了独立保函的存在意义与价值,基础合同的内容如何、索赔人是否具备应有的索赔依据,担保方只能根据保函中确定的单据加以审核。至于索赔人提出索赔请求是否诚实,这是"欺诈例外"条款要去解决的问题,不应当影响司法机关对保函独立性的认定。

三、连带责任陈述问题

从对《独立保函司法解释》出台后的案件梳理情况看,保函文本中同时出现独立性条款和连带责任意思表示的情况屡见不鲜,如"大连高金投资有限公司与中国工商银行股份有限公司大连星海支行企业借贷纠纷案、金融借款合同纠纷案"[4]、"泰安和新精工科技有限公司与宁波金泰国际贸易有限公司买卖合同纠纷案"[5]、"秦建来与中国工商银行股份有限公司范县支行保证合同纠纷案"[6]、"广东爱玛车业科技有限公司与交通银行股份有限公司深圳罗湖支行信用证纠纷案"[7]等,在同类案件中法院对"连带责任"条款出现的解释分歧在前文也已有所详述,从对域外独立担保的研究看,此类案件并不多见。其在我国频发很大程度上源于独立保函业务在国内、国际市场发

---

[1] 刘艳红:《实质刑法观》,中国人民大学出版社,2009年,第20页。
[2] 陆璐:《独立保函国内适用难题研究——以信用证欺诈例外规则的引入为视角》,《苏州大学学报(哲学社会科学版)》2014年第6期,第61页。
[3] 中铁十五局集团有限公司与中国建设银行股份有限公司深圳市分行合同纠纷案,广东省深圳市中级人民法院(2016)粤03民终2515号。
[4] 最高人民法院(2017)最高法民终647号。
[5] 浙江省宁波市中级人民法院(2017)浙02民终2796号。
[6] 江苏省盐城市中级人民法院(2018)苏09民终2794号。
[7] 广东省深圳市罗湖区人民法院(2018)粤0303民初21765号。

展的相对不平衡,事实上定位于"一带一路"政策下的适应型规则,独立保函在国际和国内市场的适用下存在技术差异实属正常,部分国内企业、地方金融机构可能存在对独立保函这一金融工具认识不清的情况,在制定文本时忽略性地采用了可能与独立性产生矛盾的用语[1],面对实践困境,司法机关应当正视独立保函于国内、国际同等地位的立法存在,不宜过分解读"连带责任"等从属性用词的法律效力,应首先肯定独立担保与传统从属性担保的差异,将独立担保的独立性置于首位。实际上,对于承认国内独立保函效力的法律风险早在《独立保函司法解释》出台前就有多年争论,立法的明确正是以对实践司法的引领为目的的。司法机关对案件的裁定思路应当遵循立法的实践需求和实际期待,独立担保制度的存在发展已经是中国国际化法制进程中不可逆之方向,作为专业金融机构本身也应充实自身的技术储备,在开立保函时充分评估其风险,而不是在风险变为现实时需求逆向司法保护。

小 结

我国《独立保函司法解释》适应了法律规则和法学理论发展的国际性、时代性需求,但从其出台至今的周期性司法实践看来,司法机关对保函的独立性认定问题,仍存在一定的认知偏差,各地法院的判决标准分歧明显。独立担保制度产生于欧美发达国家,早期独立担保项下规则适用的基本向度均与欧美各国在不同历史时期下的商事发展需求相关。在资本主义目的因子的驱动下,以美国为代表的英美法和以法国为代表的大陆法国家对独立保函的独立性认定标准各异。中国司法对独立保函的独立性认定思路应以"一带一路"倡议需求为导向,参见域外"重实质轻形式"的历史性成果,对"单据""基础合同""从属性条款"等争议问题明确定位,采用宽松认定的基本态度。

---

[1] 当然也可能有金融机构在不熟悉业务的情况下开立独立保函,但作为专业金融机构,对风险的承担意识应适应国内外立法、司法的发展。

第三章

保函"欺诈例外"问题

"法律绝对不完全是设计的产物,而是应在公正规则的架构内得到评价和检验,并且这一架构不是任何人发明的,甚至在这些规则以文字表达出来之前,它们就指导人们的思想和行动了。"[1]产生于20世纪50年代国际商事实践的独立担保,虽然早年在欧美发达国家的建设工程、进出口贸易、融资等诸多领域就被广泛应用,却也因其借鉴信用证的单据化操作和表面审查制度,在提高担保业务效率的同时,也成为受益人欺诈索赔的温床,更使得独立担保制度成为国际法学界众所周知的"问题少年"。[2]这也使得欺诈例外规则于欧美发达国家应运而生,"欺诈例外"案件中对欺诈的认定也成为审理独立保函案件的最大难点。我国《独立保函司法解释》第12条,借鉴美国《统一商法典》(UCC)以明确立法形式将独立保函的欺诈例外成文化,在借鉴英美法判例规则的同时,结合内发实践性需求及现代化国际法制发展方向细化了欺诈止付的证明标准,对保函欺诈例外进行了创造性诠释。[3]正如王利明教授所言:"在法律体系形成之后,一个解释论的时代已经到来,法治工作的

---

[1] 弗里德里希·冯·哈耶克著,冯克利译:《经济、科学与政治——哈耶克思想精粹》,江苏人民出版社,2000年,第24页。

[2] Wheble B S. Problem Children—Standby Letters of Credit and Simple First Demand Guarantees. Ariz. L. Rev. ,1982(24):301,304.

[3] 麦考密克、魏因贝格尔著,周叶谦译:《制度法论》,中国政法大学出版社,1994年,第62页。

重心已经从立法论向解释论逐步转移。"[1]

第一节 保函"欺诈例外"的渊源
——信用证"欺诈例外"

独立担保是异于传统的从属性担保、独立于基础合同法律关系的特殊的信用担保形式。在运作模式上,独立担保实际上完全借鉴和吸收了信用证的运作机制,在美国,独立担保更是被直接称为"备用信用证"。在独立担保法律关系中,担保人(大多是银行)承担着无条件的、不可撤销的付款义务,保函的受益人只要提交了符合保函规定的单据或请求,担保人就必须付款,即担保人只能通过对保函中单据的审核判定是否应予以付款。担保人并无义务调查申请人在基础合同中是否存在违约的情形,基础合同的效力、变更、履行情况甚至基础合同中债权人放弃对债务人的某些权利(如抵押权),对独立保函本身的效力均不产生影响。这与信用证的核心理念完全一致。在信用证项下,银行以信用证中明确的相关单据作为付款的唯一依据,即信用证结算过程中有两个基本原则:独立性原则和单证相符原则。信用证交易的各个主体在交易过程中只需要审核单据本身与信用证条款的一致性,而不需要审核与信用证相关的合同的具体内容。但是,在这项独立交易中,还存在着一种例外的情形:即使在相关单据与信用证要求完全相符的情况下,如果单据的呈交方被证实有欺诈的行为,那么货款的支付也至此停止,这就是信用证的"欺诈例外规则",也是保函"欺诈例外"的起源。

一、信用证"欺诈例外"的源起

(一)欺诈例外的鼻祖案件:Sztejn v. J. Henry Schroder Banking Corp.

欺诈例外规则最早出现在 1941 年美国的 Sztejn v. J. Henry Schroder Banking Corp. 一案[2]中。在此案中,原告(买方)以被告(卖方)交付的货物为无用杂物为诉讼缘由,请求法庭禁止开证行对提示行的支付。在审判过程中,法官肯定了信用证交易本身的独立性,但同时指出当受益人存在故意欺诈行为的情况下,其原有的、由信用证的独立性而产生的利益将不再被保护。

---

[1] 王利明:《一个解释论的时代已经到来》,《北京日报》2003 年 3 月 18 日。
[2] [1941] 4 N. Y. S. 2d 631(纽约补充案例 1941 年第 2 辑,第 631 页).

欺诈例外规则的雏形由此产生。其基本观点包括三点核心内容：第一，欺诈行为是唯一可以影响信用证交易独立性的情形；第二，具体的欺诈行为必须得到证实；第三，当支付牵涉到善意第三人时，此例外的适用应当重新考虑。

Sztejn一案判决后，欺诈例外规则不仅在美国信用证案件实务中得到认可，同时也成为英国法院早期对于相关案件的判定标准[1]。然而，在案例法的个案局限性的影响下，Sztejn一案的判决本身并没有对欺诈行为的判定标准作出宏观限定，这也是造成在很长的历史时期中"欺诈例外"规则的实际适用仍然存在极大争议的重要原因之一。

（二）欺诈例外规则引发的争议

尽管欺诈例外规则本身得到了学术界及实务界的承认，但其具体适用却一直存在很大的困难。很多人认为此项规则作为信用证交易的例外实际上摧毁了信用证交易的基本——独立性原则。以信用证作为结算方式的商业贸易交易系统区别于一般交易系统的根本点，就在于银行基于与买卖当事人的合意而产生的绝对支付义务，这项绝对义务是不受原买卖合同任何争议的影响的。从另一个角度说，银行并没有识别买卖合同中有无欺诈行为的义务，其在信用证交易中的利益是基于信用证结算体系本身运作而产生的，合同的欺诈类争议无论对于银行的利益还是绝对性义务都不应当形成任何影响，否则信用证的整个信用体系将被彻底打破。

这一争议的存在具有一定的合理性。然而，如果深入研究欺诈例外规则在其发源地美国的发展则不难发现，欺诈例外规则的产生，无论是从买卖合同的角度还是从信用证结算体系的角度，都是有其必要性的。尽管Sztejn一案被认为是欺诈例外规则在信用证结算体系中正式成立的标志，但是早在18世纪60年代的美国，欺诈例外情形就已经被法学界意识到并提及。在1765年的Pillan v. Van Mierop[2]一案中，大法官Mansfield在否决被告的答辩时就说道："如果在交易的过程中存在任何欺诈性行为，那么合同本身也就失去效力了。"[3]而此案中的合同正是一个信用证结算交易合同。由此可见，信用证交易开始实行的初期，欺诈行为就不是可以得到豁免的

---

[1] 英国至今没有在《跟单信用证统一惯例（UCP）》中明确欺诈例外规则的相关条款，但在1978年Edward Owen Engineering Ltd. v. Barclays Bank International Ltd.一案的审判过程中，肯定了对于Sztejn案件判决的采纳。

[2] [1765] 97 Eng. Rep. 1035.1038（英国案例汇编1765年，第1035、1038页）。

[3] Conway Barbara. *Maritime Fraud*. London: Lloyd's of London Press, 1990: 8.

行为。

"欺诈例外"规则作为防止欺诈行为的武器有其存在的必然性。首先,"欺诈例外"规则的出现,填补了信用证作为一项便捷结算手段的高效性与其可能给欺诈行为提供一定活动空间之间的漏洞。信用证交易的独立性原则,要求交易各方在信用证的结算运作过程中,仅仅涉及相关的单据交易,而完全不涉及货物的实物交易。只要当事人呈交的相关单据字面上完全符合信用证的规定,开证行就必须支付,即使信用证涉及的买卖合同存在争议也不对支付产生影响。对于银行来说,其需要审核确认的仅仅是当事人呈交的单据而已。这是信用证商业高效性最重要的保障,然而,如果不加以限制,这项原则也可能产生与其意图完全相反的效果。正是因为信用证的独立性原则,受益人只需要呈交相关的单据,而不需要显现其对合同的实质履行。这无疑给了不法卖家滥用信用证的空间。"从不法商贩的角度看,信用证欺诈最大的优势就在于,他们不需要在要求支付的时候完成实质的货物运输,他们甚至连一艘船都不需要。"[1]而"欺诈例外"规则的存在,则填补或者说至少缩小了欺诈行为活动的空间。

其次,提交存在欺诈性的单据的行为本身就违背了信用证结算体系的基本原则。作为一项独立交易的信用证结算,其运作建立在受益人递交符合信用证要求的单据的基础之上。如果单据自身与其实际内容不符,是不能作为有效单据的。在 Higgins v. Steinharderter 一案[2]中,由于受益人提供的提单存在货物托运日期的错误,法官认为内容存在虚假成分的提单不能作为请求支付的合法单据,进而判定整个信用证交易无效。单据的虚假内容本身就可能导致整个信用证交易无效,至于可能导致单据不实的欺诈行为,也不能存在于信用证交易的保护范围之内。

第三,信用证欺诈对信用证及其相关单据的商业价值构成威胁。单据作为信用证交易的核心,是银行在结算过程中唯一需要审核的内容,也是银行支付之后其利益的唯一保障,在部分交易特别是链式合同中,单据甚至可以作为物权凭证,维系着整个交易的有效运作。这样,信用证欺诈可能侵犯到各方当事人包括善意的单据持有人的利益,甚至会摧毁信用证体系应当产生的效益。美国法官 Cardozo 就曾在 Old Colony Trust Co. v. Lawyers' Title

---

[1] Conway Barbara. *The Piracy Business*. London: Halmlyn, 1981: 23 - 25.
[2] [1919] 175 N. Y. S. 279(纽约案例汇编1919年,第279页).

& Trust Co. 一案[1]中这样说道:"我们不可以忽视的是,在信用证交易中,银行不仅仅是代表它的当事人审核单据的切实性,同时,它也是在审核自己持有的担保性利益。"

最后,虽然信用证交易是一项独立的交易,但作为买卖合同支付的一种手段,其与合同本身有着无法割裂的关系。如果合同本身因为欺诈行为而无效,但依合同产生的支付仍然存在,这在基本的法理逻辑上也说不通。

实际上,在以欺诈例外规则作为一项独立武器阻击信用证欺诈之前的美国早期案例,原告都是以买卖合同的履行作为保障自身利益的理由的。如在 Higgins and Old Colony 一案中,法官甚至明确指出,买卖中的欺诈行为也会导致信用证交易的整体无效。由此可见,"欺诈例外"规则尽管在一定意义上与信用证交易的独立性存在矛盾,但也保障了信用证交易的整体性与合法性。

二、信用证"欺诈例外"在英美法系的发展

欺诈例外规则在法理上的合理性,并没有能解决其在实际案件中的适用困难。由于其与信用证独立性的矛盾,即使在产生欺诈例外规则的英美法系,该规则的具体适用也经历了相当长的争议期。

(一) 欺诈例外规则在美国的发展及适用

1. 欺诈例外规则发展初期的多重标准

美国是欺诈例外规则最早被提及与确认的国家,标志着欺诈例外规则产生的案例出现于美国,而 1952 年第一版的《统一商法典》(UCC)是第一部确立欺诈例外规则的法典。该法典第 5 条在保护善意第三人的基础上提出,在交易中存在欺诈行为或受益人呈交的单据存在虚假成分的情形下,即使单据表面符合信用证条款规定,银行也可以根据欺诈例外规则拒绝支付。该条规定赋予了欺诈例外规则合法的形式,但其基本内容是参照 Sztejn 案件的判决而订立的,还存在着一定的欠缺。比如,除了在文字上对欺诈行为的内容表述得不够清晰外,也没有具体提出适用欺诈例外规则的标准,这是在 1995 年版 UCC 出台之前美国的法律界就欺诈例外的认定标准问题产生多种学说的原因。

---

[1] [1924] 297 F. 152 (联邦案例汇编,1924 年,第 152 页).

(1) 绝对欺诈说

在1977年的 NY Life Insurance Co. v. Hartford National Bank & Trust Co. 一案[1]中,尽管原告指出被告呈交请求支付的相关文件存在虚假内容,但美国最高法院认为此案不符合欺诈例外规则的适用条件,并提出了"绝对欺诈"标准论:"只有在少数情况下,UCC(1952年)第5编中提到的绝对欺诈行为例外才能被适用,其适用的前提是案件中的被告的欺诈行为必须损害到整个合同交易。"也就是说,适用欺诈例外条款的欺诈行为必须是绝对欺诈,而这里的绝对性是根据其对合同交易的损害性来判定的,即在信用证交易所涉及的合同遭到完全毁坏的情况下,才能根据欺诈例外条款剥夺受益人要求付款的权利。这样严格的适用标准,使得欺诈例外规则在美国的适用变得异常困难,而 UCC 中的相关规定也因此而变成一纸空文。

(2) 蓄意欺诈说

"蓄意欺诈"的说法正式被美国法庭采用,是在1979年的 American Bell International v. Islamic Republic of Iran 一案[2]中。尽管此案最后的判决中并没有适用欺诈例外规则,但是大法官 MacMahon 明确指出了欺诈例外规则的适用标准:欺诈的故意性,即案件中牵涉的欺诈行为必须是欺诈人蓄意的或者大意但可预知后果的行为。

从防止受益人滥用信用证结算制度牟取不法利益的角度看,蓄意欺诈说似乎是比较符合欺诈例外规则最初订立意图的,无论欺诈行为对合同内容的影响是否严重,即使是轻微的欺诈,只要存在滥用信用证交易的行为,都应当适用欺诈例外条款。但值得一提的是,蓄意欺诈说所采用的适用标准,与普通法中一般合同欺诈极为相似。虽然说信用证的独立性使得其间所牵涉的欺诈行为与一般的合同欺诈存在一定区别,但是如果把信用证本身看成一个独立的合同行为,那么对其间产生的欺诈行为用类似普通法的一般合同欺诈加以规范,似乎并无不妥之处。

(3) 推定欺诈说

在1973年的 Dynamics Corp. of America v. Citizens & Southern National Bank 一案[3]中,又一种欺诈例外规则的适用标准即欺诈推定标准被提出。在庭审中法官指出:"法律对于欺诈行为的规定不是一成不变的,法庭

---

〔1〕 [1977] 378 A. 2d 562(上诉案例汇编,1977年第2辑,第562页)。
〔2〕 [1979] 474 F. Supp. 420(联邦案例补充汇编,1979年,第420页)。
〔3〕 [1973] 356 F. Supp. 991(联邦案例补充汇编,1973年,第991页)。

在多年以来此类案件的审理中,采纳了欺诈行为可以改变商业交易本身性质的理论……原告并不需要证明构成被告欺诈的多种要件。对于欺诈我们在具体的适用过程中可以采用相对法律条款更为广阔的解释。也就是说,被告任何不当的行为,只要违反了其法定的或是同等的义务,无需证明其欺诈意图,就可被认定为欺诈例外条款适用的标准性欺诈内容……"不难看出,推定欺诈说实际上是把受益人的一般性合同违约和欺诈画上了等号。这样的一个过低的适用标准,在一定程度上可能造成欺诈例外规则本身被滥用,从而影响信用证结算的功用。

(4) 变通欺诈说

在 1976 年 United Bank Ltd. v. Cambridge Sporting Goods Corp. 一案[1]的审理过程中,纽约高院提出:"UCC 第 5 条的规定实际上是 Sztejn 一案的法典化形式。它指出了对于欺诈例外规则的主导适用方向,即买卖中存在欺诈行为,但同时也给了我们一个较为灵活的标准去适用这项规则。在实际的案件中,要想明确区分买卖中的欺诈和一般的违约行为是非常困难的……"遗憾的是,在该案中法庭虽提出了变通欺诈说,却没有明确变通的尺度,只是将受益人的不当行为作为一项适用的必要条件。

美国早期对于欺诈例外规则的多种适用标准,只是欺诈例外条款的争议性与适用性的矛盾在其产生初期的多种表现而已。从逻辑及法理的角度看,蓄意欺诈说和变通欺诈说更具合理性。蓄意欺诈说符合欺诈例外规则防止信用证体系被滥用的最初设立意图,而变通欺诈说则有利于避免将信用证欺诈与一般的合同纠纷相混淆,但它因为没有为其灵活适用性订立一个尺度而缺乏现实的适用性。不过这些问题在 1995 年修订后的 UCC 第 5 编中得到了较好的解决。

2. 1995 版《统一商法典》(UCC)对于欺诈例外规则的规定及其适用

针对欺诈例外规则在实际运用中出现的问题,在 1995 年 UCC 修订版的第 5 条中,对欺诈例外规则作出了修改。其不仅明确了 4 类豁免群体,也提出了这一规则的两种主要适用方式,即请求开证行拒绝支付和请求法院下达止付禁令。更重要的是它针对欺诈例外规则适用困难的问题,明确指出"欺诈"一词的具体含义,即"实质性欺诈"。在补充解释中,商业信用证中的"实质性欺诈",被明确为"单据中的虚假成分或交易中的欺诈行为必须对交易本

---

[1] [1977] 378 A. 2d 562(上诉案例汇编,1977 年第 2 辑,第 562 页).

身具有实质性意义,对交易者的利益产生实质性影响"[1]。

实质性欺诈标准的建立为欺诈例外规则的适用提供了一个明确的方向。不过这一标准在实际的案件审理中的效果并不理想。在 2000 年的 Mid-America Tire v. PTZ Trading Ltd. Import and Export Agent 一案[2]中,MAT 通过 PTZ 的代理机构向 PTZ 购买一定数量的轮胎,PTZ 的代理机构就轮胎的数量、质量及价格向 MAT 作出保证,双方合议采用信用证结算方式。但在协议订立后,MAT 发现协议中关于轮胎质量、数量的条款均与原先 PTZ 代理机构的保证严重不符。MAT 向法院申请禁制令,在一审中法院授予了该项禁制令,但在上诉审理中禁制令又被撤回,理由是信用证欺诈只局限于对买卖合同产生彻底损害的行为。由此案不难看出,美国法院对于欺诈例外条款中实质性欺诈的解释其实还是类似于绝对欺诈说的理论,这就使得欺诈例外条款的实际适用十分困难,甚至连合同的根本违约行为都可以不在适用的范围内。欺诈例外规则的适用困难,并不仅仅存在于美国,在另一个信用证交易的起源国家英国,情况甚至更加严重。

(二)欺诈例外规则在英国的发展及适用

与美国不同,在英国并没有任何法典类的文件确认欺诈例外规则的存在和适用,作为目前国际上最具权威性的信用证交易守则之一的《跟单信用证统一惯例》(UCP)中也没有明确这一规则的条款。欺诈例外规则在英国的发展只能从案例法中追溯。

在英国的案例法历史上,法院一直就倾向于不干预信用证交易。早在 1958 年的 Hamzeh Malas & Sons v. British Imex Industrial Ltd. 一案[3]中,这种观点就已经表露无遗。尽管欺诈问题在此案中并没有被提及,但在判决中,大法官 Jenkins 提出,信用证结算作为银行与商人合议而产生的付款方式,银行承担了绝对的付款义务,法庭不应当对此干预。而在 1975 年的 Discount Records Ltd. v. Barclays Bank Ltd. and Barclays Bank International Ltd. 一案[4]中,原告以被告交付的货物完全不符合信用证及相关单据规定为由,向法庭申请止付禁令。尽管法庭肯定了 Sztejn 案中对于欺诈例外规则

---

[1] 参见 1995 年 UCC 第 5 编官方注释第 2 节。
[2] 2000 Ohio App. LEXIS 5402;(2000)43 U.C.C. Rep. Serv. 2d (Cal laghan)964 (商事案例汇编,2000 年第 2 辑,第 964 页)。
[3] [1958] 2 Q.B. 127 (二审案例汇编,1958 年,第 127 页)。
[4] [1975] Lloyd's Rep. 444(英国商法案例汇编,1975 年,第 444 页)。

的适用,但提出这项规则的适用必须以欺诈的明确成立为前提。法官认定,和 Sztejn 一案不同,Discount Records 案中并没有明确的欺诈行为出现。虽然原告已经证明单据内容存在虚假的情况,但法官仍然认为被告的欺诈不能成立,欺诈例外规则在英国的适用难度可见一斑。而在英国法上,欺诈的证明本身并不是适用欺诈例外的唯一障碍。在 Gian Singh & Co. Ltd. v. Banque de L' Indochine Judicial Committee of the Privy Council 一案[1]中,受益人呈交的相关单据的签名被证明是伪造的,法庭据此确定受益人存在欺诈行为,但进一步提出,从单据表面看来,议付行无法确定其虚假性,也无证明欺诈行为存在的义务,因此,尽管本案中的受益人的确存在信用证欺诈行为,原告却不可以根据欺诈例外条款追究银行不当支付的责任。

系列案件的判决充分反映了欺诈例外规则在英国的适用难度,但真正把欺诈例外规则在英国的适用推至谷底的,还是著名的 United City Merchants (Investments) Ltd. and Others v. Royal Bank of Canada and Others 一案[2]。在此案中,作为被告的信用证受益人 GFE 状告具有开证行和确认行双重身份的银行 RBC 拒绝支付的行为,而 RBC 坚称在审查单据的过程中发现提单的货运日期不符合实际日期,该单据存在虚假成分,因此 RBC 有权根据欺诈例外条款拒绝支付。结果,英国最高法院的法官在承认单据日期不正确的情况下,依然推翻了上诉庭的裁决,认为 RBC 无权拒绝支付,理由是作为信用证受益人的 GFE 并不是虚假单据的制造人。根据这个判决,在信用证的交易中,如果受益人向银行提交虚假单据,只要单据的虚假成分并非受益人所为,银行即使明知单据的虚假性,也必须履行支付义务。

这项判决存在着极大的争议:其一,明确有虚假成分的单据是否可以被认定为合格的单据?其二,作为受益人的 GFE 尽管没有直接参与单据的伪造,但在被告知单据的虚假性后,依然以此单据要求付款,不属于欺诈行为?其三,作为开证行的 RBC 在明知单据虚假的情况下,如果依然支付,那其由信用证而产生的担保物权又如何得以保护呢? United City Merchants 一案的判决进一步增加了欺诈例外规则在英国的适用难度。

英国法对欺诈例外的拒绝倾向,一直到 20 世纪 90 年代中期才有所松

---

[1] [1974] Lloyd's Rep. 1(英国商法案例汇编,1974 年,第 1 页)。
[2] [1983] A. C. 168(上诉庭案例汇编,1983 年,第 168 页)。

动。在 1996 年的 Themehelp Ltd. v. West and Others 一案[1]中,原告以受益人涉嫌欺诈为由,向法庭申请止付禁令。庭审中,大法官 Waite 在肯定了此案保证协议与买卖合同的相互独立性的同时,提出了对欺诈例外规则适用的新思路。他认为,只要原告提出的证据足以让法官认定被告有严重的欺诈可能性,法庭就可以对原先信用证的独立性采取一定措施进行干预。以严重的欺诈可能性作为法庭干预信用证的标准与 1975 年英国法庭在 Discount Records 一案中提到的欺诈行为必须明确成立的标准相比,门槛明显降低了。此外,该案还第一次提出,法庭是否授予禁制令可能引起的后果也应列为在案件审理过程中的考虑因素。在此之后的 Czarnikow-Rionda Sugar Trading Inc. v. Standard Bank London Ltd. 一案[2]中,法官又明确提出,由于本案中的保兑行已经向受益人支付了货款,因此开证行支付与否所能影响到的只是保兑行的利益,无论如何想要阻止受益人的信用证欺诈行为都已经不可能了,这也是在审理此案中应当考虑的因素。

信用证独立于买卖合同的基础特征,本质上也是对银行在交易项下权益的保障。银行独立于买卖合同的特殊地位,也是在保证信用证交易的独立性的基础上,适用欺诈例外条款最主要的障碍。作为在信用证交易中独立于基础交易的当事人,银行的权益的确不应当受到买卖合同的影响。那么,如果在不牵涉到银行这一特殊主体利益的情况下,对于欺诈例外规则的适用逻辑是否相对简单呢? 2000 年英国的 Banco Santander SA v. Bayfern Ltd. 一案[3],似乎在一定程度上回答了这个问题。在 Banco Santander 一案中:P 开立了以 B 为受益人的信用证,作为买卖合同的支付方式,S 是信用证的保兑行。信用证规定,B 在规定日期以后凭相关单据请求支付。在信用证到期前 180 天,B 以折价的方式,将信用证权限转让给 S。在信用证到期后,S 以相关单据向 P 请求支付。P 发现单据存在虚假、伪造情形,拒绝支付。S 以承兑行的名义向法院提起诉讼,要求 P 支付。在审理过程中,法官认定了 S 作为单据受让人的身份,指出尽管 S 是本案的承兑行,但在接受 B 的转让之后,S 在本案中的权限就仅限于 B 原先的权利,因此,在单据存在虚假、伪造的情况下,P 有权根据欺诈例外规则拒绝支付。这个案件,与 1974 年 Gian 一案的案情十分相似,但是银行在案件中地位的转变使得案

---

[1] [1996] Q. B. 84(二审案例汇编,1996 年,第 84 页).
[2] [1999] All E. R. (Comm)890(英格兰法律全辑汇编,1999 年,第 890 页).
[3] [2000] All E. R. 776(英格兰法律全辑汇编,2000 年,第 776 页).

件的判决结果完全不同。银行在信用证交易中的权利和义务,主要体现为以适当的专业知识对单据与信用证条款的表面一致性作出判断,在单证一致的情况下履行支付义务,在单证不一致的情况下拒绝支付。而欺诈例外规则中牵涉的关于买卖合同中是否存在欺诈等问题,是不应当对银行产生任何干扰的。换言之,对于银行作为独立于买卖合同的信用证当事人的利益的保护,成为是欺诈例外规则适用的一个重要突破口。

美、英两国作为英美法最有代表性的国家,也是世界上较早在国际贸易实践中运用信用证支付的国家,在欺诈例外条款运用上的差别,是显而易见的。与英国相比,欺诈例外条款在美国的运用具有较强的成文法基础,UCC给欺诈例外的适用提供了强大的法典支持。而在英国,欺诈例外条款尽管在相当数量的案例判决中得到了承认,却是始终以 Sztejn 一案为适用依据的。英国始终没有在 UCP 的具体条款中明确欺诈例外条款的地位,这也是造成英国对于欺诈例外条款的适用标准不够明确的重要原因之一。当然,两国对于欺诈例外条款中欺诈的确定标准也是有着天壤之别的。对欺诈例外条款不同的适用逻辑,与两个国家不同的法理思维有着很大的关系。英国依据案例法建立的"受益人欺诈标准"与美国通过 UCC 确定的"实质性欺诈标准"各自存在其合理性。但是在实际的适用过程中,无论是英国近乎苛刻的举证,还是美国的单纯以欺诈内容的实质性作为适用标准,都使得信用证欺诈例外条款国际适用面临困境,这一困境也延续到了独立保函欺诈例外的适用问题中。

第二节　保函"欺诈例外"的国际性困境

独立担保是一种异于传统从属性担保的、独立于基础合同法律关系的特殊的信用担保形式,在运作模式上,与跟单信用证极为相似,都以独立性、单据化为基本特征。二者的主要差异在于直接功用上的付款形式和履约保障区分[1]。在典型的保函业务流程中,独立保函的担保人应申请人的申请开出担保文本,当受益人提出的付款请求符合担保文本要求时,独立保函的开立人,即担保人则承担担保责任。此项担保责任独立于基础交易。独立担保

---

〔1〕 跟单信用证是由买方以银行信用向卖方提供的付款保证,而独立保函则是以银行担保向一方当事人提供违约救济保证。

的商事功用性在我国"一带一路"倡议指导的经济形式下作用显著。比如,中国某建筑公司"走出去"与沿线国家(以老挝为例)业主签订一项建筑工程合同,为了确保中国建筑公司能够履行合同,老挝的业主要求承包商提供有力的担保,建筑公司向中国银行申请开出以建筑工程合同违约为条件的履约保函,根据保函规定,在中国建筑公司违约的情形下,中国银行根据老挝业主的请求依照保函约定的金额偿款。在这一担保关系中,中国银行即为独立担保人,我国建筑公司为保函申请人,老挝业主为受益人,担保人承担着无条件的、不可撤销的付款义务,保函的受益人只要提交了符合保函规定的单据或请求,(一般为违约声明、第三方单据等),担保人就必须付款,担保人只能通过对保函中单据的审核判定是否应予以付款,无义务调查了解基础合同的实际违约情况,这也就是独立担保法律关系中的独立抽象性原则——Autonomy。

独立保函借鉴信用证的单据化操作,在提高了独立担保业务效率的同时,也简化了担保人付款前的审核义务,规避了传统从属性担保多项抗辩事由可能引起的诉讼累赘,满足了数字化、高效的国际商业时代的需要,银行等金融机构良好的信用和充足的财力使其成为独立担保主体的优先选择。然而表面审查规则的简化,也成为受益人欺诈索赔的温床。担保人对基础合同实际履行的不了解,使其对受益人提出的索赔请求所依据的单据的真实性难以辨别。签名的伪造、货物的缺失、合同履行的瑕疵,担保人都很难通过对索赔请求及受益人提交单据的表面审查而清晰辨别。因此反欺诈自独立担保制度产生伊始就是欧美发达国家竭力克服的难题,如何消除独立保函的独立性优势和由其导致的欺诈之间的矛盾,也是独立担保法律制度发展中必须解决的问题。然而,由于各国法律对保函欺诈的认识差异,《见索即付保函统一规则》[1]、《国际备用信用证惯例(ISP98)》[2]等国际惯例对欺诈问题均采取了回避态度,并未在文本中明确欺诈认定的标准及对于欺诈例外的适用,只有《联合国独立保函和备用信用证公约》(简称《公约》)对独立保函的欺诈例

---

[1] 包括国际商会《见索即付保函统一规则(URDG458)》和《见索即付保函统一规则(URDG758)》。

[2] 《国际备用信用证惯例(ISP98)》为美国国际银行业委员会(United States Council on International Banking,USCIB)所推动,1998年国际商会以第590号出版物公布,并于1999年1月1日起生效。

外作了比较详细的规定,但国际普适性不高。[1] 长期以来,出于降低独立担保业务中欺诈风险的需要,欧美主要国家,无论是大陆法系还是英美法系国家,均采用了宽严不一的标准,将保函欺诈设定为一种银行付款责任的例外,即"欺诈例外规则"。

一、大陆法系下欺诈例外规则的宽泛适用

受到传统担保从属性特征的影响,初期大陆法系国家对独立担保的效力认定上普遍存在一定障碍,法律界对基于独立担保制度的欺诈例外规则的适用标准也呈现模糊化特征。在法、德等欧美发达国家的经济实践中,独立担保作为一种特殊的担保形式在商事交易中出现较早,但长久以来法学界并不倾向于从其特殊商事功用的角度细化其适用规则,而是尝试在民法体系内对独立担保制度进行吸收与规制。

在德国贸易实践中发展起来的独立保函制度,其主要的法律渊源是《德国民法典》的第780条。[2] 第780条承认了以合同形式约定的独立债务的有效性,《德国商法典》第349条至351条进一步排除了保证人的先诉抗辩权,事实上德国对于独立担保制度的承认基本是源于契约自由原则[3],独立担保欺诈例外的适用也是基于《德国民法典》关于诚实信用原则的规定。在德国判例中,只有受益人的索款声明中存在事实明显错误或者其他滥用情形,才能适用欺诈例外,尽管《德国民法典》第826条明确规定了"故意"的要求,但判例对独立担保领域的欺诈并不强调其主观状态。[4] 总体而言,德国对独立保函欺诈例外的适用呈现附严格条件的宽泛化状态,并无细致规则。

在法国,独立担保最初出现在20世纪60年代的国际市场中,早期法国大型企业运用独立担保替代国际合同订立中所必须设立的押金。随着独立

---

[1] 联合国大会于1995年12月11日通过的(2000年1月1日起生效)《联合国独立保函和备用信用证公约》(*United Nations Convention on Independent Guarantees and Standby Letters of Credit*)对独立担保的欺诈例外作了比较详细的规定。尽管其法律效力要高于国际商会制定的有关规则,但由于公约的适用是任意性的,不具有强制性,因此当事人可以排除或改变公约规则的适用,而选用其他的惯例规则。迄今为止,只有9个国家核准了该公约。

[2] 《德国民法典》第780条:"债务约定:为使以通过合同而独立成立债务的方式约定给付的合同有效,如果没有规定其他形式,需采用书面形式约定。"

[3] Kocisis Imola, Olecbowski Marcin. *Surtyhip in German and Polish Law: A Comparative Analysis*. Review of Central and East European Law, 2006(45).

[4] Horn N, Wymeersch E. *Bank-Guarantees, Standby Letters of Credit and Performance Bonds in International Trade*. Boston: Kluwer Law Press, 1990: 38.

担保制度由国际商事领域转入法国国内市场交易纠纷的增多,相关案件逐渐被法国司法界所重视,在2006年法国担保法改革中,"独立担保"作为一种新型的人的担保在《法国民法典》中被固定下来。[1] 根据规定:"独立担保人不能主张基于被担保的债务所生的抗辩。"独立担保人付款义务与被担保债务的独立性被予以明确,原则上独立担保人不能引用任何抗辩理由对抗受益人。但此项"无对抗性原则"存在两种例外情形,其中之一即为欺诈例外,《法国民法典》第2321条第2款规定:"受益人明显滥用或明显欺诈的,或者受益人与指令人串通的,独立担保人不承担担保义务。"[2] 然而对于欺诈的认定,法国法并没有进一步细化规则:有学者认为受益人毫无疑问地没有获得付款的权利,其请求付款的行为即构成了欺诈;也有学者认为如果受益人的付款请求确定而且明确地缺乏事实基础即构成独立担保项下的欺诈。但在事实判案过程中,法国对于欺诈的认定仍多采用个案认定的路径,未形成欺诈认定的一般性原则。

二、英美法系下欺诈例外规则的适用冲突

相对于德、法等大陆法系国家对独立担保缺乏细化规制的基本现状,英美法系国家独立担保制度的发展并未遇见类似于大陆法系国家的适用障碍。由于判例法的主导性地位,英美法针对独立担保的成文性立法也不多见。但长期以来,英国和美国的法院在独立担保案件中适用信用证的法律,包括欺诈例外规则。[3] 尽管关于独立担保欺诈例外规则判例较多,但该规则仍然处于不断发展之中。英国和美国对于欺诈例外适用的判定标准也长期影响着该理论的国际化发展。

在美国,承担独立担保角色的是备用信用证。备用信用证与商业信用证

---

[1] 李世刚:《法国担保法改革》,法律出版社,2011年,第47页。

[2] 第二个例外则是基于《法国商法典》的相关规定。债务人进入破产程序以后,独立担保的"独立性"规则发生了重要变化。当独立担保人是自然人的时候,有关"保证"的规则开始适用,比如,宣布破产程序开始的法官可以要求,在判决进入重整或者破产清算之前,中止向自然人独立担保人主张担保权利。在挽救程序和重整程序中,独立担保人可以以进入重整程序为由中止履行担保义务。参见《法国商法典》L. 622 – 28, L. 626 – 11。

[3] 在英美法国家的法律实践中,尽管信用证与独立保函功用存在差异,但均被视为现金,适用类似的法律规则。See: Edward Owen Engineering Ltd. v. Barclays Bank International Ltd. [1978] Q. B. 159; United Trading Corp. SA v. Allied Arab Bank Ltd. [1985] 2 Lloyd's Rep. 554(CA); Tukan Timber Ltd. v. Barclays Bank Plc. [1987] 1 Lloyd's Rep. 171,174; New Orleans Brass v. Whitney National Bank and the Louisiana Stadium and Exposition District.

适用同一套规则,即《统一商法典》(UCC)第5编。美国作为适用欺诈例外最早的国家,在20世纪中叶就确立了欺诈例外的法律效力。1941年美国纽约州法院裁判的Sztejn一案[1]被普遍视为"欺诈例外规则"适用的鼻祖型案例,并成为多国早期引入欺诈例外条款的理论依据。[2] 在该判例的基础上,1952年版的《统一商法典》第5—114条第(2)款将该规则成文化,UCC也成为第一部以成文法的形式承认欺诈例外规则的法典。但美国法律界对欺诈例外规则中"欺诈"的认定标准却经历了数十年的争论,从早期的"重大欺诈说""故意欺诈说"到后来的"衡平欺诈说",美国对于保函欺诈的认定一直处于发展状态[3],一直到1995年,在UCC的修订版第5编109条中,"实质性欺诈"才被明确作为衡量欺诈例外规则中"欺诈"是否成立的重要标准。"实质性欺诈"的标准侧重于考量欺诈行为对所涉及的基础合同的损害程度。UCC的官方解释文件,分别对商业信用证和备用信用证中的"实质性欺诈"问题作出了明确的解释:就备用信用证而言,实质性欺诈的成立,必须建立在受益人付款权利主张已无实质性依据的基础之上。[4] 美国对于实质性欺诈的解释更多地着眼于欺诈行为的实质性后果,即对基础合同履行的影响程度。这就变相要求担保人在签署独立保证合同时,承担检查基础合同实际履行的责任,这与独立保函独立于基础合同的基本特征背道而驰,从根本上动摇了独立保函和信用证的独立性原则。因此,长久以来英国主流法律界对美国"实质性欺诈"理论颇有争议。

在英国,独立保函直接适用信用证法,而且只有判例法,没有成文法。尽管英国对于欺诈例外规则的适用是源于1976年Discount Records一案[5]中Megarry法官对Sztejn案的直接引入,但英国对于欺诈例外条款独立保函领域的适用却主要基于1775年Mansfield大法官在Holman v. Johnson一

---

[1] Sztejn v. J. Henry Schroder Banking Corp. [1941] 4 N. Y. S. 2d 631.

[2] 陆璐:《独立保函国内适用难题研究——以信用证欺诈例外规则的引入为视角》,《苏州大学学报(哲学社会科学版)》2014年第6期,第88页。

[3] 陆璐:《欺诈例外条款在英美法系信用证实践中的运用比较》,《江海学刊》2008年第222页。

[4] 另一类为商业信用证,对此,解释规定:实质性欺诈的成立,要求伪造的单据或欺诈行为本身对基础合同交易有实质性损害。

[5] Discount Records Ltd. v. Barclays Bank Ltd. and Barclays Bank International Ltd. [1975] 1 Lloyd's Rep. 444.

案[1]中提出的法谚"ex turpi causa non oritur actio"(非法或不道德的不得取得诉因)。基于这项原则,英国司法对于欺诈例外条款的应用特别强调了受益人本身的主观欺诈行为。在英国欺诈例外条款适用的标志性案件 The American Accord[2]中,大法官 Diplock 在终审裁决中明确否认了上诉庭提出的"half-way house"[3]理论,明确地拒绝了美国的"实质性欺诈"理论,确立了以"fraud unravels all"(欺诈毁灭一切)为基础的"受益人欺诈"标准,换言之,法院决不允许不诚信的当事人实施欺诈行为[4]。受益人主观的欺诈故意成为适用欺诈例外的关键考量,如果不能证明受益人的主观故意,即便证实受益人的付款请求不实或提交单据虚假,付款行也不能据此拒付。英国的"受益人欺诈"标准对于欺诈例外的适用标准无疑给信用证和独立保函的独立性予以极大的尊重,担保人在独立保函下的权利和义务也完全与基础合同相分离。但将第三人欺诈排除在欺诈例外之外的认定标准,使得英国欺诈例外的适用标准近乎苛刻。多年以来,欺诈例外条款在英国的适用面临极大困境。英国高等法院在1999年的 Czarnikow-Rionda 一案[5]中也明确承认,在依据信用证欺诈向法院申请止付禁令的案件中,经过衡平便利原则(Balance of Convenience)的考量,禁令申请成功的几率是极低的。

第三节　保函"欺诈例外"的中国式发展

一、《独立保函司法解释》对保函欺诈例外的创新诠释

"尽管想象中的特殊规则在特殊事例中的特殊适用的程序是简单的,但整个规则系统自然是极其复杂的。正如韦伯指出的,这种'形式上合理的'系

---

[1] Holman v. Johnson. [1775] Cowp. 341,343.

[2] United City Merchants v. Royal Bank of Canada(The American Accord). [1983] A. C. 168(HL).

[3] 在 The American Accord 的上诉判决中,大法官 Stephenson 却提出了以欺诈行为对基础合同的损害程度来判定欺诈例外是否应当适用的"half-way house"理论,这个理论与美国的"实质性欺诈理论"十分类似。

[4] Enonchong Nelson. *The Independence Principle of Letters of Credit and Demand Guarantees*. Cambridge: Oxford University Press,2011: 234.

[5] Czarnikow-Rionda Sugar Trading Inc. v. Standard Bank London Ltd. [1999] 2 Lloyd's Rep. 187.

统的发展要求具有特殊的历史和文化下的特殊的社会情况和经济情况"[1]。欺诈例外规则于世界两大法系主要国家的适用困境充分证明了社会、历史、文化或政治的背景差异对单一规则发展的重要辐射力。我国作为大陆法国家,在《独立保函司法解释》出台以前,最高人民法院对独立保函独立性的承认也一直采取审慎的立场,是否应当在制度层面上引入独立担保制度也一直是学界争议的焦点问题。《独立保函司法解释》的出台不仅从宏观上解决了独立担保的有效性问题,同时在微观上对独立保函的界定、开立、法律适用、单证相符原则、独立性原则、欺诈止付以及司法程序等人民法院审理独立保函案件中经常遇到的问题方面作出了比较全面的规定。特别是针对审理独立保函案件遇到的最大难点:"欺诈例外"案件中对欺诈的认定,《独立保函司法解释》在借鉴国际公约的基础上,创新性地细化了欺诈止付的证明标准,对国际范围内欺诈例外理论的发展具有重大意义。

（一）对英国"受益人欺诈"标准的吸收和补充

《独立保函司法解释》第12条参照了《联合国独立保函和备用信用证公约》的做法,采用明确列举的形式,规定了独立保函欺诈认定的5种情形[2],其中四类情形均强调了受益人作为主体于保函欺诈认定中的重要作用,同时第1、2、5款均以受益人的主观欺诈性为判定要素,这可以被视为对英国的"受益人欺诈"标准的有效吸收。英国的"受益人欺诈"标准自确立以来,适用遭遇的巨大障碍正是源于受益人欺诈意图这一主观性因素在案件审理中被证实的巨大难度。长期以来,在英国的信用证和独立保函实务中,即使受益人向银行提交虚假单据,只要单据的虚假成分不能证明是受益人所为,银行明知单据的虚假性,也必须履行支付义务,支付行和申请人在实务中常常陷入困境。从这一角度上看,《独立保函司法解释》第12条第2款列举"将受益人提交的第三方单据系伪造或内容虚假的"明确为保函欺诈的认定情形,较好地填补了英国"受益人欺诈"标准的主要缺陷,使得欺诈例外的适用更具实践性与合理性。

---

[1] 麦考密克、魏因贝格尔著,周叶谦译:《制度法论》,中国政法大学出版社,1994年,第244页。

[2]《独立保函司法解释》第12条规定:"具有下列情形之一的,人民法院应当认定构成独立保函欺诈:(一)受益人与保函申请人或其他人串通,虚构基础交易的;(二)受益人提交的第三方单据系伪造或内容虚假的;(三)法院判决或仲裁裁决认定基础交易债务人没有付款或赔偿责任的;(四)受益人确认基础交易债务已得到完全履行或者确认独立保函载明的付款到期事件并未发生的;(五)受益人明知其没有付款请求权仍滥用该权利的其他情形。"

（二）对美国"实质性欺诈"标准的审视与修正

此次《独立保函司法解释》第 12 条的列举并未如 2005 年的《关于审理信用证纠纷案件若干问题的规定》一般明确引入美国"实质性欺诈"标准的认定要素，这也是《独立保函司法解释》进步性的重要体现。尽管美国是最早在判例法和成文法领域明确欺诈例外适用的国家，然"实质性欺诈"标准多年以来在实践领域与理论领域均饱受争议。一方面理论界对"实质性欺诈"标准侧重于考量欺诈行为对其所涉及的基础合同损害程度的价值判断批评声不绝于耳。[1] 英国大法官 Lord Diplock 曾明确指出，实质性欺诈的判定要求银行根据基础交易和单据背后的实际违约情况作出判定，本身就是对信用证和独立保函独立性的彻底摧毁。[2] 另一方面，在美国司法实践涉及保函欺诈的案件中，对"实质性欺诈"标准的适用也名不副实。[3]《独立保函司法解释》没有直接引入"实质性欺诈"标准，但也同时考虑到基础交易于保函欺诈认定的重要作用，在列举的第三种情形中，将对基础交易损害的实质性判断交由法院来考量，很好地区分了不同当事人的权责差异，也为《独立保函司法解释》第 14 条[4]和第 20 条[5]欺诈止付双重证明标准的创设奠定了基础。

（三）欺诈止付双重证明标准的创设与补充

《独立保函司法解释》第 14 条规定了"中止支付"独立保函的证明标准，将保函欺诈"具有高度可能性"作为"中止支付"基本要求之一；其后，又在第 20 条区别性地明确了"终止支付"的证明标准为"能够排除合理怀疑"。显而

---

[1] 陆璐：《普通法信用证例外规则研究》（英文版）.南京出版社，2012。

[2] 这也是英国否认美国实质性欺诈的基本法理依据。See: United City Merchants v. Royal Bank of Canada(The American Accord). [1983] A. C. 168(HL),185.

[3] 长久以来，美国法院对于"实质性欺诈"的解释其实依然类似于早期的绝对欺诈说的理论。See: Mid-America Tire v. PTZ Trading Ltd. Import and Export Agent. [2000] Ohio App. LEXIS 5402; New Orleans Brass v. Whitney National Bank and the Louisiana Stadium and Exposition District. [2002] La. App. LEXIS 1764；参见陆璐：《信用证欺诈的认定标准与止付令下达依据》，《江海学刊》2014 年第 3 期，第 220 页。

[4]《独立保函司法解释》第 14 条："人民法院裁定中止支付独立保函项下的款项，必须同时具备下列条件：（一）止付申请人提交的证据材料证明本规定第十二条情形的存在具有高度可能性；（二）情况紧急，不立即采取止付措施，将给止付申请人的合法权益造成难以弥补的损害；（三）止付申请人提供了足以弥补被申请人因止付可能遭受损失的担保。"

[5]《独立保函司法解释》第 20 条："人民法院经审理独立保函欺诈纠纷案件，能够排除合理怀疑地认定构成独立保函欺诈，并且不存在本规定第十四条第三款情形的，应当判决开立人终止支付独立保函项下被请求的款项。"

易见,"排除合理怀疑"是一种非常高的标准,只有在对于事实的认定已达到确信程度的情况下方可成立,而"具有高度可能性"的要求则大大低于"排除合理怀疑"的标准。这一创举性双重标准的设置将为法院因欺诈纠纷下达保函止付令提供符合实践需求的适用选择。值得一提的是,长期处于欺诈例外适用困境的英国,近年来也出现部分案例尝试通过独立担保法律关系中当事人的权责差异区别法院基于保函欺诈下达禁令的标准。1996年的Themehelp一案[1]中,大法官Waite就明确指出:如果保函申请人向法院申请禁令要求银行止付,此时欺诈事实必须被"明确证实(a clearly proved fraud)";相对的,如果保函申请人在银行实质性审查之前,向法院申请禁令禁止保函受益人向开立人索款,此时的欺诈事实只要能被证明"极具争议(a seriously arguable case)"即可。2000年以后,英国也出现了一系列因保函法律关系中当事人法律地位差异而区别欺诈证明标准的案例[2],但由于英美判例法的零散性特征和法官造法的主观性差异,这一发展趋势并没能够被凝炼为清晰的理论。我国《独立保函司法解释》此番创举在一定程度上也填补了英国法的理论缺失,对于我国域内商事规则的国际化推进意义重大。

二、中国保函欺诈例外制度的发展向度

独立保函独立性和跟单性的特征使得其对于债权人的保护更加确定,对于交易的便捷作用更加明显,这也使得它在国际交易,尤其是"一带一路"建设活动以及国内交易中被大量使用。[3]《独立保函司法解释》的序言部分也点明了其制定目的,即"为正确审理独立保函纠纷案件,切实维护当事人的合法权益,服务和保障'一带一路'建设,促进对外开放"。最高人民法院民四庭庭长张勇健在新闻发布会上也进一步明确,《独立保函司法解释》是在近年来独立保函业务快速增长而纠纷也随之频发的背景下所制定的,其重要意义就包括了司法服务和保障"一带一路"建设、促进对外开放。然而独立保函业务

---

[1] Themehelp Ltd. v. West and Others. [1996] Q. B. 84.

[2] Cozarnikow-Rionda Sugar Trading Inc. v. Standard Bank London Ltd. [1999] 2 Lloyd's Rep. 187; Safa Ltd. v. Banque Du Caire. [2000] 2 Lloyd's Rep. 600; Solo Industries UK Ltd. v. Canara Bank. [2001] 1 W. L. R. 1800; etc.

[3] 2015年,我国工、农、中、建四大商业银行保函余额已达到24 450亿元人民币,远胜于信用证7 232亿元的余额,保函业务已发展成为银行涉入贸易投资领域的主流业务。参见:《最高人民法院发布审理独立保函纠纷案件司法解释》,http://www.court.gov.cn/zixun－xiangqing－31221.html,访问日期:2018年5月27日。

的专业性特征也使其在历史的发展机遇中面临更多的挑战,保函实践中的欺诈风险也必然会影响银行等金融机构参与国际独立保函业务的积极性,进而阻碍我国实现加强对外开放、寻求更大范围资源和市场合作的"一带一路"倡议。不同族群的法律制度、组织、行为和观念等必然主要依赖并体现各自族群的经历与试错。[1]

作为"一带一路"倡议需要而出台的《独立保函司法解释》源于实践,也必须在实践中得到检验与完善。我国保函欺诈相关规则的发展也必须以"一带一路"为根本实践引领。产生于欧美发达国家的独立担保制度,尤其是依其而生的欺诈例外规则,其规则适用的基本向度均与欧美在历史时期的商事发展需求相关。传统认为备用信用证是美国商人为了规避法律的禁止性规定,借用信用证的外衣发展出来的担保工具[2][3],因此备用信用证规则主要由美国主导,而独立保函领域的国际规则则主要由欧洲国家的银行界所主导,不同利益导向下的规则制定也有明显差异。在实践中美国更习惯于适用《国际备用信用证惯例(ISP98)》,而欧洲则倾向于适用《见索即付保函统一规则(URDG758)》。同样的,中国实务界从事商事交往的法律适用必须考量本土商事实践的需求。服务于"一带一路"倡议的《独立保函司法解释》,其适用理应以时代背景为基本着眼点。

从欺诈例外规则的适用上看,不同历史时期、社会背景下欺诈的危机程度也存在差异。以法国的实践为例,在相当的历史时期下,独立担保的欺诈争议并不多见,大多银行以及出口企业均十分重视国际信誉,名声的重要性使得他们更愿意立即支付。由独立担保引起的风险主要为政治风险,这也是法国《民法典》将"独立担保"单独认定后并未对欺诈例外条款作严格规定,仅在适用民法一般原则的基础上采用个案认定的重要原因。然而,以"一带一路"为实践导向的独立保函的应用还可能面对与上述完全不同的商事挑战。总体而言,"一带一路"沿线国家多处于现代化建设阶段,面临突出的政治转制、经济转轨、社会转型的艰巨任务,国内政治经济的稳定性和成熟度普遍较

---

[1] 许传玺:《从实践理性到理性实践:比较、比较法与法治实践》,《浙江大学学报(人文社会科学版)》2014年第5期,第150页。

[2] 1864年修订的美国《国民银行法》对银行业务能力进行了授权性的规定,其中不包括担保业务,联邦注册银行和各州银行无权就债务提供担保。为了规避这一限制,美国的银行开始通过为汇票背书或者开出信用证的方式提供担保。

[3] Ellinger Peter, Neo Dora. *The Law and Practice of Documentary Letters of Credit*. London: Hart Publishing, 2010: 36.

低,法律规制也相对不健全。此时我国企业要"走出去"拓展境外承包工程业务,除了需要依靠自身雄厚的实力外,更有赖于国内金融的系统性支持。银行等金融机构以独立保函为媒介为出口信贷提供优惠资金支持和国别风险保障急需完备的法律依托,特别是当合作企业所处国家没有或无清晰的保函类法律时,中国的《独立保函司法解释》之功用更加不可或缺。尽管由于《独立保函司法解释》刚刚出台,司法适用实践性总结尚待时日,但从以往司法判例数据看来,独立保函的欺诈问题在2013年后呈现出一种明显的增长趋势(见图2),欺诈索赔屡见不鲜。

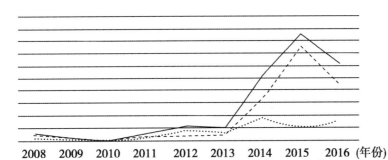

图2 独立担保欺诈案件近年发生趋势示意图

(案件数据来自"无讼案例库")

此次《独立保函司法解释》对欺诈例外的细化对此类案件审判的积极性效果可以预期。特别是《独立保函司法解释》第12条第5款将受益人滥用索赔权明确为欺诈例外的适用情形,对于防止欺诈性索赔意义重大。随着投标保函、预付款保函、履约保函、质保保函等保函类别在建筑工程领域的广泛应用,欺诈索赔可能涉及的问题将更为复杂,基于印度项目涉及的银行保函有效期与索赔期争议就是一个明显例证。[1] 保函欺诈例外规则进一步的细化解释与补充是我国独立担保法律司法与实践研究的重要方向。

---

[1] 邹和根、黄温春、曾骋:《海外承包工程银行保函有效期与索赔期研究——以印度G项目为例》,《工程经济》2017年第4期,第20页。

小　结

　　我国独立保函司法解释有关欺诈例外的规定细化了欺诈止付的证明标准,对保函欺诈例外规则进行了创造性诠释,吸收补充了英国的"受益人欺诈"理论,审视修正了美国的"实质性欺诈"理论,并创设了欺诈止付双重证明标准,形成了中国式的"欺诈例外"理论,在一定程度上改变了中国商事规则过度受限于外国法律理论和法律思维束缚的历史性问题,为中国在国际商事规则制定中的话语权建立提供启迪。中国式的"欺诈例外"理论应以"一带一路"倡议需求为导向,结合全球化背景下国际商事立法的趋同性走向,进一步细化解释,实现信用证与保函规定的系统化整合,真正实现与国际法律及实务的无缝对接。

第四章

"保函止付"问题

"法律是社会中各种利益冲突的表现,是人们对各种冲突的利益进行评价后制定出来的,实际上是利益的安排和平衡。"[1]某一法律制度总是存在制度利益,而正是这一共同的制度利益与理念形塑某一法律制度,使它具有与其他法律制度不一样的性格与特征。[2]独立担保是异于传统从属性担保的一种独立于基础合同法律关系的特殊的信用担保形式,具有典型的商事功用性。由于独立担保具体运用程序和适用领域的不同,世界各国对独立担保的称谓也不尽相同[3],但各国学者均将独立保函视为一项独立的付款承诺。[4]独立保函高效的商事功用性是独立担保制度运行的基础,其明确的

---

[1] 何勤华:《西方法律思想史》,复旦大学出版社,2005年,第255页。

[2] 根据利益衡量的需要,利益可分为当事人的具体利益、群体利益、制度利益(即法律制度的利益)和社会公共利益。制度利益直接联结当事人利益与社会公共利益,它的衡量是利益衡量的核心所在。制度利益类似于社会公共利益,是指一项法律制度所固有的根本性利益。参见梁上上:《利益的层次结构与利益衡量的展开》,《法学研究》2002年第1期,第54页;《制度利益衡量的逻辑》,《中国法学》2012年第4期,第76页。

[3] 在英美银行的商业实践中,独立保函常被称为"Demand Guarantee"(见索即付保函)或者"Standby Letters of Credit"(备用信用证);在国际工程承包合同担保领域又常被称作"Performance Bond"(履约保函)。本书中提及的独立保函或独立担保包括见索即付保函、备用信用证、履约保函及其他具有类似法律效果的担保文书。本书中,除另有说明外,独立保函和独立担保贯通使用,无意义差别。

[4] See: Affaki Georges, Goode Roy. *Guide to ICC Uniform Rules for Demand Guarantees* (*URDG* 758). ICC Publication No. 702E,2011.

运行规则又为制度发展提供了形式上的合理保障。其中,中止支付独立保函(简称"保函止付")作为防止受益人欺诈索款的重要规则被各国司法普遍采纳。我国《最高人民法院关于审理独立保函纠纷案件若干问题的规定》针对保函独立性与保函欺诈的冲突性问题,于第14条对法院裁定保函止付的必要条件作了明确规定。[1] 然从《独立保函司法解释》出台至今的国内司法实践看来,各级法院对"保函止付"案件的裁定普遍存在任意化问题,未能充分理解"中止支付"作为保函欺诈的临时救济措施的真正功用,在很大程度上破坏了独立保函的核心商事功能——"先付款,后争议",缺乏对独立担保制度立法意义的"利益衡量"。为此,有必要在利益衡量原则指导下,对我国"保函止付"的相关规则进行重塑。

第一节 我国"保函止付"的司法现状

《独立保函司法解释》自2016年11月出台至今,已近三年。根据对中国裁判文书有关"独立保函纠纷"案件的整理,截至2019年4月,基于《独立保函司法解释》审理的相关保函纠纷案件判决书达60余份,其中涉及"保函止付"问题的案件达20余起。关于"保函止付",《独立保函司法解释》从第12条至第22条分别对实体和程序问题作出了详细规定,特别是第14条明确了法院裁定"保函止付"必须同时具备的条件,即欺诈的高度可能性、情况的紧急性、损失的难以弥补性、担保的足额性。同时将其下达标准与第20条[2]的终止止付标准作出了区分。二者项下对欺诈认定的证明标准区别为"高度可能性"与"排除合理怀疑"。然而在对涉及"保函止付"的20多起判决书和裁定书的研究中发现,法院在审理中极少对保函项下涉及的欺诈可能性问题

---

[1]《最高人民法院关于审理独立保函纠纷案件若干问题的规定》第14条:"人民法院裁定中止支付独立保函项下的款项,必须同时具备下列条件:(一)止付申请人提交的证据材料证明本规定第十二条情形的存在具有高度可能性;(二)情况紧急,不立即采取止付措施,将给止付申请人的合法权益造成难以弥补的损害;(三)止付申请人提供了足以弥补被申请人因止付可能遭受损失的担保。止付申请人以受益人在基础交易中违约为由请求止付的,人民法院不予支持。开立人在依指示开立的独立保函项下已经善意付款的,对保障该开立人追偿权的独立保函,人民法院不得裁定止付。"

[2]《最高人民法院关于审理独立保函纠纷案件若干问题的规定》第20条:"人民法院经审理独立保函欺诈纠纷案件,能够排除合理怀疑地认定构成独立保函欺诈,并且不存在本规定第十四条第三款情形的,应当判决开立人终止支付独立保函项下被请求的款项。"

作深入探讨,如在辽宁奉天机械贸易有限公司与SINO股份公司(JSC SINO)保函保全民事纠纷案[1]、奥的斯电梯(中国)有限公司与江西正盛时代置业有限公司其他民事纠纷案[2]、天津市天锻压力机有限公司与世安株式会社(SEAN INC.)其他民事纠纷案[3]、中车四方车辆有限公司与中国建设银行股份有限公司青岛四方支行其他民事纠纷案[4]、中国电建集团山东电力管道工程有限公司与浙江石油化工有限公司其他民事纠纷案[5]、中国十五冶金建设集团有限公司与新疆昌吉特变能源有限责任公司因申请诉前财产保全损害责任纠纷案[6]等一系列案件的裁定中,法院均简单认定"申请人的申请符合法律规定,并提供了相应担保",据此即作出中止支付的裁定。在一些案件中,如中国电建集团北京勘测设计研究院有限公司与中国农业银行股份有限公司北京朝阳支行等民事纠纷案[7]、浙江伟明环保股份有限公司与琼海市城市管理局合同、无因管理、不当得利民事纠纷案[8]等,即便讨论保函欺诈问题,法院也以"涉嫌滥用该权利的可能性"为依据裁定中止支付。尽管在部分案件[9]的二审判决中,中止止付的裁定被依法撤销,但从数据上看,一审法院对保函中止支付的申请批准率达90%以上。法院在司法实践中任意下达"保函止付"裁定的情形,在很大程度上破坏了独立保函的独立性原则,未能清晰领会《独立保函司法解释》的立法目的和制度衡量。

一、"保函止付"规则的设定依据——欺诈例外

"保函止付"申请是独立保函开立申请人,为防止受益人欺诈索款,向法院寻求司法救济的措施。独立担保是异于传统从属性担保的担保形式,其基本特征与跟单信用证极为相似,二者项下当事人的权利义务关系均以独立

---

[1] 辽宁省沈阳高新技术产业开发区人民法院(2017)辽0192财保1号。
[2] 天津市和平区人民法院(2017)津0101财保222号。
[3] 天津第二中级人民法院(2017)津02财保1号。
[4] 山东省青岛市中级人民法院(2018)鲁02行保1号。
[5] 山东省新泰市人民法院(2018)鲁0982财保652号。
[6] 湖北省黄石市西塞山区人民法院(2017)鄂0203财保26号。
[7] 北京市朝阳区人民法院(2018)京0105民初65291号。
[8] 温州市鹿城区人民法院(2017)浙0302财保24号。
[9] 如荷兰国达门霍林赫姆造船厂与江苏苏豪国际集团股份有限公司执行审查类执行纠纷案[武汉海事法院(2018)鄂72执异16号]、中国电力工程有限公司与中国能源建设集团山西电力建设第三有限公司信用证纠纷二审民事纠纷案[最高人民法院(2018)最高法民终417号]。

性、单据化为基础,二者的主要差异在于直接功用上的付款形式和履约保障区分。在典型的保函业务流程中,独立保函的担保人(如银行)应申请人的申请开出担保文本,保证当受益人提出的付款请求符合担保文本要求时,无条件立即付款,也就是"见索即付"。因此,担保人承担的担保责任是独立于基础交易的,即保函开立申请人与受益人之间的基础交易争议不得对抗担保人的付款权利和义务。在一般情形下,任何人(包括法院)无权干涉银行的付款行为。

然而独立保函借鉴信用证的单据化操作,在简化担保人付款前的审核义务的同时,也为受益人提供了欺诈索款的机会。脱离基础合同的审单过程,使得担保人对前期保函开立的基础事实一无所知,如果受益人虚构索赔请求的依据或者伪造基础单据,银行很难加以区别。特别是在有些情况下,独立保函的付款依据仅为受益人请求付款的书面声明,此时,银行几乎无辨识欺诈的可能性。基于此,反欺诈自独立担保制度产生伊始就是欧美发达国家竭力克服的难题,如何消除独立保函的独立性优势与由其导致的欺诈之间的矛盾也是独立担保法律制度发展中必须解决的问题。于是,欺诈例外规则应运而生。1941年美国纽约州法院裁判的Sztejn一案[1]确定了"欺诈"作为唯一情形可以打破信用证、独立保函的独立性。尽管各国对"欺诈"的认定标准各异,但均在成文法或案例法中引入了该规则。欺诈例外规则最初的适用是赋予银行在发现受益人涉嫌欺诈时拒绝付款的权利。然而,在实际运作中,银行出于对自身信誉的重视和业务开展长远性的需求,即使对欺诈索款高度存疑,也宁可选择先付款再向申请人追索,此时申请人就可能成为最大的利益受损方。"保函止付"规则的设立,使得申请人察觉欺诈时,可以转而求助于司法机关请求救济。法院可以通过下达"保函止付"裁定干预银行付款,避免受益人基于欺诈获得利益。"中止支付"的裁定更是在欺诈尚不能完全被证实的情形下,法院通过临时救济的形式给予保函申请人搜集证据、保障自身权益的机会。

"保函止付"规则的设定基础是欺诈例外,也就是说,其适用的基本条件也应以欺诈例外规则为参考依据。虽然作为"行为保全"项下的临时救济措施,此裁定本身具备一定的特殊性,但欺诈事实被证明的程度仍然是"保函止付"裁定下达的核心要求,否则干预银行付款权利不仅毫无依据,还严重破坏

---

[1] Sztejn v. J. Henry Schroder Banking Corp. [1941] 4 N.Y.S. 2d 631.

了独立担保制度的基础——保函的独立性。《独立保函司法解释》第14条已经把"欺诈的高度可能性"明确为"保函止付"项下欺诈的证明标准,这应当是法院判定是否下达止付令的核心因素之一。当前我国司法实践对此要素的忽视和误用严重曲解了"保函止付"规则的设立目的,造成极大危害。

二、任意下达"保函止付"裁定的危害

"保函止付"是《独立保函司法解释》的项下规定,其设定的目的是防止相关利益主体利用保函的独立性原则实施欺诈,从而导致独立保函被滥用。"欺诈的成立"是法院适用"欺诈例外"干预银行独立性付款权利的必要条件。在对欺诈成立的可能性程度不明的情况下冒然下达止付令等于完全否认了独立担保体系的运行规则,并将产生如下危害:

第一,对保函独立性和高效性的破坏。尽管"保函止付"裁定属于临时性的救济措施,法院的止付裁定只是暂时的,如果申请人最终败诉,受益人依然可以从银行得到索款,然而这会严重破坏独立保函的独立性,从而破坏其高效性,独立保函区别于从属担保的"先付款,后争议"的商事功用也将被彻底打破。独立保函得以存在和发展正是因为其独立于基础合同的特性满足了数字化、高效的国际商业时代的需求,银行等金融机构良好的信用和充足的财力为受益人的索款利益提供了充足的保障。[1] 法院任意止付使得独立保函的高效性优势名存实亡,特别是对于涉外保函,根据我国《中华人民共和国民事诉讼法》(简称《民事诉讼法》)第270条[2]的规定涉外案件无审理期限的要求,这还可能导致保函长期处于被止付的状态,保函不当止付的不良后果会进一步扩大。

第二,对银行信用的严重损害。在独立保函项下,银行等金融机构具有"见索即付"的付款责任,合理谨慎地对索赔书和保函规定的单据进行形式审核是银行在付款前对申请人承担的唯一义务,只要单据与保函规定符合表面一致的原则,银行就有权利也有义务向申请人付款,这正是银行独立保函业务存续的基础,受益人也是基于银行良好的付款信用才接受其开立的保函。法院对保函的任意止付会严重影响银行信用,使银行失去大量的保函业务。

---

[1] 参见陆璐:《独立保函国内适用难题研究——以信用证欺诈例外规则的引入为视角》,《苏州大学学报(哲学社会科学版)》,2014年第6期,第85页。

[2] 我国《民事诉讼法》第270条:"审理期间不受限制:人民法院审理涉外民事案件的期间,不受本法第一百四十九条、第一百七十六条规定的限制。"

更为严重的是,如果涉及涉外保函,法院的任意止付还可能导致国内银行被议付银行或者受益人在域外起诉,让国内银行蒙受巨额损失,并在很大程度上影响其国际信誉,甚至还会连带损害中国法院在国际上的声誉。[1] 如在荷兰西特福船运公司诉中国银行一案[2]中,尽管申请人成功获得法院止付令,但中国银行海外分行被诉并且败诉,中国银行承担了巨额的英国法院诉讼费用,也损失了国际声誉。

第三,违背了《独立保函司法解释》的立法目的。《独立保函司法解释》的制定是为了服务于"一带一路"建设,促进对外开放,切实维护保函项下当事人的合法权益。[3] 独立保函的商事功用在我国"一带一路"倡议指导的经济形势下作用显著。例如,中国某建筑公司"走出去"与沿线国家(以老挝为例)业主签订一项建筑工程合同,为了确保中国建筑公司能履行合同,老挝的业主要求承包商提供有力的担保,建筑公司向中国银行申请开出以建筑工程合同违约为条件的履约保函。根据保函规定,在中国建筑公司违约的情形下,中国银行根据老挝业主的请求,依照保函约定的金额偿款。在这一担保关系中,中国银行即为独立担保人,我国建筑公司为保函申请人,老挝业主为受益人,担保人承担着无条件的、不可撤销的付款义务。保函的受益人只要提交了符合保函规定的单据或请求(一般为违约声明、第三方单据等),担保人就必须付款,担保人只能通过对保函中单据的审核判定是否付款,无义务调查了解基础合同的实际违约情况。[4] 可见,《独立保函司法解释》的制定为我国与沿线国家的建筑工程合作提供了不可或缺的法律制度保障,保函的开立也给我国银行带来了大量的业务机会。中国法院的任意止付在损害我国银行信用的同时,也会给"一带一路"建设中各企业间的业务开展造成障碍。在实践中,已有律师反映,因为国内申请止付令相对容易,银行无法及时支付独立保函项下款项,部分国外银行开始对中国银行开立的保函只是有条件地接受,提出通过保险、再担保等方式为银行保函增信。这些措施如果真正实施,所导致的成本必然转嫁到国内申请人身上,同时也严

---

[1] 参见李真:《见索即付保函案件司法审判疑难问题研究》,《法律适用》2015年第9期,第99页。

[2] Spliethoff's Bevrachtingskantoor BV v. Bank of China Limited. [2015] E. W. H. C 999.

[3] 参见《独立保函司法解释》第1条。

[4] 参见陆璐:《保函欺诈例外:一例国际商事规则的中国式创新诠释》,《河南师范大学学报(哲学社会科学版)》2018年第1期,第75页。

重损害我国金融机构的国际声誉。

三、我国"保函止付"裁定任意化的成因

在我国司法实践中,之所以产生"保函止付"裁定任意化的现象,其原因不外乎以下三个方面:

第一,当前立法对行为保全制度规定的缺失。"'保函止付'申请,依据我国《民事诉讼法》第100条的规定,符合'判决难以执行或者造成当事人其他损害'的情况,法院依据对方当事人的申请责令其作出'一定行为或者禁止其作出一定行为'的规定,应当属于我国民事诉讼法项下行为保全的范畴。"[1]然而,我国在2012年8月《民事诉讼法》第二次修正之前,并没有通用的行为保全制度(只有知识产权行为保全和海事强制令),即使是2017年6月第三次修正的《民事诉讼法》中也没有明确有关行为保全的程序性和实体性规则,因此,法院在审理行为保全案件时,很大程度上受到财产保全规则的影响。尽管《独立保函司法解释》明确了"保函止付"令下达的基本要件,然在大量的裁判文书中,法官仍将财产保全中最为重要的提供担保作为主要考量因素,对申请人提供的证据是否足以证明"欺诈的高度可能性"与"损害的难以弥补性"等问题较少详述,也没能意识到行为保全错误相较于财产保全错误可能对被申请人产生的严重利益损害。正如最高人民法院民三庭副庭长王闯在"最高人民法院关于审查知识产权纠纷行为保全案件适用法律若干问题的规定答记者问"时谈道:"行为保全实质上是生效裁判的提前强制执行,是申请人权利的提前救济,如果申请人的请求未得到生效裁判的支持,则意味着申请行为保全存在错误;而财产保全仅仅是履行生效裁判的保障。相对于财产保全,行为保全对被申请人利益影响重大,故行为保全申请有错误的认定应当采取客观归责原则。"[2]

第二,我国当前独立担保立法及司法和实践发展的不平衡。在对中国裁判文书网上基于《独立保函司法解释》审理的相关保函纠纷案判决书的整理中,笔者发现,涉及保函独立性认定的案件占比超过50%,案件判决结果和依

---

[1] 陆璐:《论独立担保制度下的保全救济》,《法学论坛》2016年第2期,第32页。
[2] https://www.chinacourt.org/chat/fulltext/listId/50886/template/courtfbh20181213.shtml,访问时间:2019年6月19日。

据均存在很大的分歧。尽管《独立保函司法解释》第 1 条和第 3 条[1]对独立保函的独立性认定问题作了明确规定,但部分法院对"单据""最高额"等保函形式要件的认定仍存在"盲点"。在具体的案件中,还出现了当事人在保函文本中援引基础交易内容、添加从属性担保条款等问题,这些问题又不同程度地干扰了法官对独立保函的认定。这一现象的发生反映了我国当前独立担保制度下立法、司法和实践发展的不平衡。作为"一带一路"倡议配套规则的《独立保函司法解释》,其涉外功能较强,当下国内行业的部分职业人员对保函及与保函相关的法律制度的认识还不清晰,部分法院特别是基层法院对独立保函案件接触较少,对其与传统担保的差异仍有疑惑,对《独立保函司法解释》中的相关规定仍有理解障碍。而当前立法规定中,判定"保函止付"令是否下达的要件均对法官的理解力和自由裁量有一定要求。基于此,在"保函止付"案件中,出现适用"财产保全"的相关规定就不足为奇了。

第三,缺乏对"利益衡量"方法在保全领域的引入。诉讼保全制度作为一种单方审理程序,本身是为了保护申请人的利益,避免其遭受难以弥补的损失。基于效率价值追求,其审理主要是依据申请人对事实的陈述和证据材料的提供,这使得被申请人常常处于对保全申请一无所知的状态。财产保全的主要功能是以财产的形式对将来可能生效的判决执行提供保障,因此,申请人基于保全申请提出的担保在财产保全申请中显得尤为重要;而行为保全的措施指向作为或不作为,目的主要在于避免申请人遭受不可弥补的损害,这就使行为保全对被申请人的影响更为巨大,被申请人可能遭受的利益损失常常无法完全用金钱财产来衡量。以独立保函项下的"保函止付"申请为例,错误的止付在侵害银行独立性付款权利的同时,更是对银行信用的严重损害,可以想象对以"信用"为经营之本的银行来说,缺失了信用意味着什么。

与域外法制比较来看,我国的行为保全与德国法定暂时状态下的"假处

---

[1]《独立保函司法解释》第 1 条:"本规定所称的独立保函,是指银行或非银行金融机构作为开立人,以书面形式向受益人出具的,同意在受益人请求付款并提交符合保函要求的单据时,向其支付特定款项或在保函最高金额内付款的承诺。"第 3 条:"保函具有下列情形之一,当事人主张保函性质为独立保函的,人民法院应予支持,但保函未载明据以付款的单据和最高金额的除外:(一)保函载明见索即付;(二)保函载明适用国际商会《见索即付保函统一规则》等独立保函交易示范规则;(三)根据保函文本内容,开立人的付款义务独立于基础交易关系及保函申请法律关系,其仅承担相符交单的付款责任。当事人以独立保函记载了对应的基础交易为由,主张该保函性质为一般保证或连带保证的,人民法院不予支持。当事人主张独立保函适用担保法关于一般保证或连带保证规定的,人民法院不予支持。"

分"或者英国的"临时禁制令"相类似。行为保全请求在客观上考验着法庭的审判能力,其在快速审理的压力下,必须依据有限的事实迅速裁定。由于这种裁定是在权利义务关系尚未明确(甚至诉讼尚未提出)之前作出的,因此,申请人诉称的受到侵犯的实体权利是否存在仍处于未知状态。在实体性和程序性规定不完善的情况下,要求法官在短时间内对"情况紧急"和"不可弥补的损害"等要件进行判断是非常困难的,一旦误判,对被申请人权利的损害很可能是巨大的。基于此,域外很多国家都将"利益衡量"方法引入行为保全案件的审理中。在德国,法院首先需要审核"假处分"申请理由是否具有盖然性,如果盖然性成立还需要在原告的保全需求和被告因该措施所遭受的不利之间进行利益衡量。在法国,法院在发布紧急命令时也必须对双方当事人的利益进行衡量,同时注意比例原则,在若不批准相关措施申请人可能遭受的急迫损失与批准后可能给被申请人造成的既存利益的损害之间进行衡量。[1] 在日本,"利益衡量"理论在法定暂时状态的"假处分"制度中也得到了充分的体现:"定暂时状态的假处分之必要性比较单纯,即避免债权人遭受不利益。然而,判断是否允许此类假处分时,必须衡量债权人与债务人双方的利益来决定。如果没有假处分将使债权人遭受的不利益大于有假处分时债务人遭受的不利益,则应允许该假处分;如果允许假处分将使债务人遭受的不利益大于债权人获得的利益,则不应允许此类假处分。"[2] 在英国,也是由法官在申请人提出的证据具有高度可能性的情况下再结合"利益衡量"原则决定是否下达禁令。[3] 各国在行为保全领域对"利益衡量"原则的适用,充分证明了其功用性。

我国《民事诉讼法》目前尚未引入"利益衡量"原则,同样,对于独立保函项下的中止支付申请,法院是否应当依据"利益衡量"原则进行考量,我国法也没有规定。独立保函和信用证项下的止付裁定问题本身,在国际商法领域就是一个难题。对于法院是否应当、何时应当以独立保函、信用证独立性的阻却事由为因下达"中止支付"的临时救济裁定,相关的国际条约,如《国际备

---

[1] 参见周翠:《行为保全问题研究——对〈民事诉讼法〉第100—105条的解释》,《法律科学:西北政法学院学报》2015年第4期。

[2] 竹下守夫、藤田耕三:《注解民事保全法》,东京:青林书院,1996年,第246页。转引自郭小冬:《论诉讼保全中的利益权衡问题》,《西南政法大学学报》2009年第6期。

[3] American Cyanamid Co. Appellants v. Ethicon Ltd. Respondents. [1975] A. C. 396.

用信用证惯例(ISP98)》《见索即付保函统一规则(URDG758)》《联合国独立保函和备用信用证公约》等大多未明确涉及,ISP98第1.05条中更是明确提出对欺诈和滥用权利等行为的适用排除。[1]只有《联合国独立保函和备用信用证公约》第19条对独立保函付款独立性例外情形作了列举规定[2],并在第20条明确了法院采取临时性措施的前提。[3]成文法对"保函止付"实体性和程序性规定的乏善可陈,使得"利益衡量"原则功用凸显。

"利益衡量"原则要求法院不仅仅从字面上遵循法律的规定,更应该领会法律中所包含的利益,并且在处理案件时,保持与立法者在法律中所表现出来的利益一致的价值判断。法官需要在法律规则的框架内对案件的事实进行判断,同时还应该在法律规则出现空白时尝试制定新的法律规则,以弥补原有立法的不足。同时还需在法律之外对案件事实中诸冲突利益进行比较衡量[4]。那么,法院在"保函止付"案件中应如何具体地适用"利益衡量"原则呢?在英美法的保函止付司法实践中,"利益衡量"原则一直是法官判断是否下达临时性禁令的重要依据之一,其大量案例法在"保函止付"案件中对"利益衡量"原则的适用进程和发展对我国当前的司法实践有很强的借鉴价值。

---

〔1〕 该条规定:"有关开证权力和欺诈或滥用权利提款等事项的排除,本规则对下列事项不予界定和规定:a. 开立备用证的权力或授权;b. 对签发备用证的形式要求(如:署名的书面形式);或 c. 以欺诈、滥用权利或类似情况为根据对承付提出的抗辩。这些事项留给适用的法律解决。"

〔2〕《联合国独立保函和备用信用证公约》第19条:"如果有下列情形者:(1)任何单据非真实或系伪造者;(2)依付款请求及支持性单据,付款无正当理由的;(3)依保函的类型与目的,付款请求无可信的依据,依诚信行事的保证人有权对受益人撤销付款。下列情形均属于此处(3)项所称请求无可信依据的:(a)保函向受益人保证的意外事故或风险未发生;(b)主债务人或申请人的基础义务已经被法院或仲裁机构宣布无效;(c)基础义务毫无疑问地已经满足受益人的要求履行;(d)受益人故意不当地阻止基础义务的履行的;(e)依反担保提出的付款请求,反担保的受益人亦即与反担保相关之保证的保证人恶意付款。出现以上所列情形的,主债务人或申请人可以申请临时性法院措施。"

〔3〕《联合国独立保函和备用信用证公约》第20条:"法院采取临时性法院措施的前提为:(1)受益人已作出或者即将要作出的请求中包含第19条第1款中情形存在的高度可能性;(2)这种高度可能性需要法院依靠确凿的证据进行判断;(3)在中止支付的命令作出前法官还需考虑到'如果没有此项命令,主债务人/申请人是否将遭受严重的损失';(4)法院可以要求申请人提供法院认为适当的担保。"

〔4〕 参见加藤一郎著,梁慧星译:《民法的解释与利益衡量》,载梁慧星主编《民商法论丛》,法律出版社,1994年,第151页。

第二节 "利益衡量"在"保函止付"域外规则中的适用

从传统来看,英美法对独立保函项下银行独立性付款权利的保障极为重视,这与其社会经济环境直接相关,因为独立保函是高度商事自治下信用证高效功用性引发的市场自然选择的结果。而"商法的功能就是允许商人在其所能及的范围内自愿进行商事交易,而不必局限于那些他们认为陈旧不堪的传统"。[1] 尽管1941年美国纽约州法院裁判的Sztejn一案被普遍视为"欺诈例外"规则适用的鼻祖型案例,并成为多国早期引入欺诈例外条款的理论依据[2],但在美国,依据1995年UCC的修订版第5编第109条和官方解释中"实质性欺诈"的规定,就备用信用证而言,实质性欺诈的成立必须建立在受益人付款权利主张已无实质性依据的基础之上。这使得在美国对于"实质性欺诈"的证实必须达到"完全被证实"的标准。同样,在英国,尽管法院否认了美国的"实质性欺诈"理论,确立了以"欺诈毁灭一切"(fraud unravels all)为基础的"受益人欺诈"标准,但对"欺诈例外"的适用标准近乎苛刻,只有在银行明确发现欺诈实际存在的情况下才可适用"欺诈例外"拒绝付款。[3]

在英美法中,下达临时禁令的直接目的通常是对未决之案件现状(status quo)的一种维持[4],法官下达临时禁令可以根据个案作出相对灵活的判断。在英国的American Cyanamid一案[5]之前,最为法院所接受的规则依然是对控辩双方提供的相关证据进行比较衡量,即当禁令申请方的证据具有压倒性优势时法院方可下达禁令。[6] 直到1975年的American Cyanamid案,Diplock大法官才提出只要申请人提出的证据"具有一定的说服力"(a arguable case),法官就可以结合"利益衡量"原则判断是否下达禁令。他认为,在

---

[1] Kum v. Wah Tat Bank Ltd. [1971] 1 Lloyd's. Rep. 439.
[2] 参见陆璐:《保函欺诈例外:一例国际商事规则的中国式创新诠释》,《河南师范大学学报(哲学社会科学版)》2018年第1期。
[3] Edward Owen Engineering Ltd. v. Barclays Bank International Ltd. [1978] Q. B. 159.
[4] Zuckerman Adrian. *Case Comment: Interlocutory Injunction on the Merits*. Law Quarterly Review, 1991:196-197.
[5] American Cyanamid Co. Appellants v. Ethicon Ltd. Respondents. [1975] A. C. 396.
[6] 丹宁(Lord Denning)勋爵曾经指出:"在民事案件中,必须达到盖然性优势证明标准。"见Bater v. Bater一案判决。

临时禁令申请案件中,如果申请人证据十分有力,即便不具备压倒性优势,法官也可以结合双方在禁令下达后可能遭受的损失等因素决定是否下达禁令。

结合英美法临时禁令的基本制度和其在保函项下对"欺诈例外"规则的严格适用,对于"保函止付"禁令中欺诈的证明标准,法院没有采用一般禁令中"具有一定的说服力"(an arguable case)标准,而是针对不同案件,以"利益衡量"原则为基础,依据不同案件所涉及的利益差异在"保函止付"项下区别适用欺诈例外的证明标准。

一、"欺诈成立"证据标准的普遍性适用

在英国早期的著名案例 Discount Records[1]中,由于受益人提前贴现将信用证项下的票据卖给了银行,当申请人向法院申请临时禁令阻止受益人索款和银行付款时,法官以申请人提供的证据未达到"欺诈已经成立"的证据标准为由拒绝了下达禁令,这一标准与实体诉讼中"欺诈例外"的证据标准无异。换言之,除非欺诈已被完全证实,否则申请人几乎没有申请到临时禁令的可能性。在此案中,法官还明确提出,基于普通法临时禁令申请制度中"利益衡量"原则的考量,此案中的受益人已经提前贴现将项下票据卖给了银行,此时禁止其索款或禁止银行付款除了损害银行独立性付款义务外毫无意义,因此,止付申请人提供的证据必须达到绝对的标准,法官才可能干预银行的付款权利,任何低于该程度的证明都是不够充分的。类似的"利益衡量"也被适用于美国的很多案件中[2],基于"实质性欺诈"的标准,法官只有在"欺诈损害整个交易的事实被完全证明的情况下才会干预银行的付款"。[3] 在英美法中,法院将"银行信用"视为保函项下最重要的利益,除非欺诈被证明,否则依据"利益衡量"原则,银行可能遭受的信用损害一定高于申请人可能的经济损失。

二、"极具争议"证明标准的区别性适用

基于长期"欺诈例外"适用的困境和欺诈在保函和信用证领域频繁发生

---

[1] Discount Records Ltd. v. Barclays Bank Ltd. and Barclays Bank International Ltd. [1975] Lloyd's Rep.

[2] New Orleans Brass v. Whitney National Bank and the Louisiana Stadium and Exposition District. [2002] La. App. LEXIS 1764; Sava Gumarska in Kemijska Industria D. D. v. Advanced Polymer Scis, Inc. [2004] Tex. App. LEXIS 958. etc.

[3] [2002] U.S. App. LEXIS 18496.

的矛盾,2000年左右,英美法中也出现部分案例,法官尝试在利益衡量的基础上,降低欺诈证明的标准。在1996年的Themehelp一案[1]中,大法官Waite针对临时性禁令的申请,在衡量了双方举证情况后,明确指出:在受益人向银行的索款行为已经发生后,申请人向法院申请止付禁令,欺诈事实必须被"明确证实"(a clearly proved fraud);然而,如果保函受益人尚未向银行索款,申请人因察觉欺诈向法院申请禁止保函受益人向银行索款,此时的欺诈事实只要能被证明"极具争议"(a seriously arguable case)即可。法官的依据是:在受益人向银行索款前,申请人基于欺诈例外请求法院禁止受益人索款,此时涉案的当事人只有申请人和受益人,不涉及银行独立性的付款权利,因此法院只需要在申请人提出的证据具有相当可信性的情况下,衡量双方可能的利益损失即可。2000年以后,英美法中出现了一系列因保函法律关系中涉及的当事人的差异而区别欺诈证明标准的案例。[2]需要强调的是,"极具争议"的证明标准只适用于受益人尚未开始索款的阶段以阻止涉嫌欺诈的受益人索款,但不能作为法院禁止银行付款的依据。换言之,银行在保函项下独立的付款权利依然被法院认定是独立担保项下最重要的"利益"。

三、其他保函独立性阻却事由的限制性适用

基于对银行在保函项下独立性付款权利的肯定,以及法院绝不允许不诚信当事人实施欺诈行为的基本考量[3],英美法系近年还出现了除欺诈之外的其他"保函止付"申请事由,如"基础交易违法"作为保函索款的阻却事由,被法院在多起案件[4]中详细探讨。在英国Group Josi案[5]和美国的NMC Enterprises案[6]中,"基础交易违法"更是被明确采纳为保函和信用证止付

---

[1] Themehelp Ltd. v. West and Others. [1996] Q. B. 84.
[2] Cozarnikow-Rionda Sugar Trading Inc. v. Standard Bank London Ltd. [1999] 2 Lloyd's Rep. 187; Safa Ltd. v. Banque Du Caire. [2000] 2 Lloyd's Rep. 600; Solo Industries UK Ltd. v. Canara Bank. [2001] 1 W. L. R. 1800; etc.
[3] 参见陆璐:《独立保函国内适用难题研究——以信用证欺诈例外规则的引入为视角》,《苏州大学学报(哲学社会科学版)》2014年第6期,第86页。
[4] Mabonia Ltd. v. JP Morgan Chase Bank and West LB AG. [2004] E. W. H. C 1938; Dauphin Offshore Engineering & Trading Pte Ltd. v. The Private Office of HRH Sheikh Sultan bin Khalifa. [2002] 1 S. L. R 657; Group Josi Re v. Walbrook Insurance Co. Led. [1996] 1 W. L. R. 1152. etc.
[5] Group Josi Re v. Walbrook Insurance Co. Led. [1996] 1 W. L. R. 1152.
[6] NMC Enterprises v. Columbia Broadcasting System Inc. [1974] W. L. R. 1758.

的例外情形。在 Group Josi 一案中,法官还沿用了英国"欺诈例外"的鼻祖案件 United City Merchants 中 Diplock 大法官对"欺诈例外"非唯一性的论述佐证了基础交易违法与欺诈同样违背英国的"公序良俗"(public policy),同样适用"欺诈毁灭一切"(fraud unravels all)原则;除了违法例外之外,在新加坡[1]、澳大利亚[2]等英美法国家的司法实践中,还出现了多起以"显失公平""单据无效"为由申请"保函止付"成功的案例。尽管对此类问题是否可以真正成为止付事由在当前学界仍存在很大争议[3],但在部分案例中被采纳的事实还是对欺诈作为保函、信用证止付的唯一例外情形提出了质疑。特别是在涉及单据无效的案件讨论中,有观点提出:基于"利益衡量"的考虑,"单据无效不可以成为申请人申请中止银行付款的独立性阻却事由,但是银行有权自行在确认单据无效的情况下选择拒绝付款"[4]。总而言之,对于新型例外情形是否能够成为保函、信用证的止付事由,英美法系的各国法院仍有争议,但均认同将银行在保函项下的独立性付款权利置于"利益衡量"考量下的首要位置。

整体而言,"在依据欺诈例外向法院申请止付禁令的案件中,经过利益平衡原则的考量,禁令申请成功的几率是极低的"[5]。这主要是基于英美法法官对信用证和独立保函项下独立性原则的尊重。"银行作为止付申请的被申请人,他独立的付款义务是独立保函赖以生存的基础,从'利益衡量'的角度,相较于受益人,银行才是止付令错误下达的情形下,更为严重的利益损害方,对银行而言,其损失的是他的声誉,更是他的金融诚信和缔约诚信,更进一

---

[1] Bocotra Construction Pte Ltd. v. A-G (No 2). [1995] 2 S. L. R 733;Raymond Construction Pte Ltd. v. Low Yang Tong & Anor. [1996] S. G. H. C 136;GHL Pte Ltd. v. Unitrack Building Construction Pte Ltd. and Another. [1999] S. G. C. A 60. etc.

[2] Horlico (Australia) Pty Ltd. v. Energy Equipment Co (Australia) Pty Ltd. [1985] 1 NSWLR 545; Boral Formwork & Seaffolding Pty Ltd. v. Action Makers Ltd. [2003] N. S. W. S. C 713.

[3] Chin L, Wong Y. *Autonomy: A Nullity Exception at Last*. M. C. L. Q. , 2004:14; Neo D. *A Nullity Exception in Letters of Credit Transactions*. Singapore Journal of Legal Studies,2004(46); Donnelly Kieran. *Nothing for Nothing: A Nullity Exception in Letters of Credit*? J. B. L. , 2008:316.

[4] 在英国的 Montrod Ltd. v. Grundkötter FleischvertriedsGmbH 一案中,尽管单据无效未能作为银行在保函项下的付款阻却事由被采纳,但银行在单据无效的可能情形出现时,对是否付款的选择权依然被法院确认。

[5] Czarnikow-Rionda Sugar Trading Inc. v. Standard Bank London Ltd. [1999] 2 Lloyd's Rep. 187.

步,银行信用的丧失可能导致整个独立担保制度的崩塌。"[1]英美法认为,在申请人向法院申请"保函止付"的案件中,相较于申请人可能的经济损失,银行独立的付款权利是独立担保项下最重要的利益,银行信用的缺失会动摇独立担保的制度根基,进而损害整个独立担保制度的"制度利益"。对银行而言,如果试图在独立保函、信用证等单据业务中获得成功,须严守独立性的付款义务。而从法院的角度,出于对独立担保制度基本理念的认同,必须以其"制度利益"为先,谨慎干预银行付款。

第三节 我国当前"保函止付"规则下应然的"利益衡量"

基于行为保全的特殊性和当前我国"保函止付"司法实践中出现的问题,借鉴域外法在行为保全制度下对"利益衡量"原则的普遍适用,在"保函止付"制度中引入"利益衡量"原则十分必要。英美法在"保函止付"案件中对"利益衡量"的适用和发展给予我国司法实践相当的启迪。然而,如同任何法律对权利义务的规定都不可避免地受到其法域内历史文化和社会发展需求的影响一样,"利益衡量"在我国的适用必然也会由于法律文化、社会制度的不同与英美法存在差异。英美法以"利益衡量"原则为基础,依据不同案件所涉及的利益差异在"保函止付"项下区别适用欺诈例外的证明标准,这一方法在很大程度上是源于其判例法传统,法官判案的过程本身也是造法的过程。因此,法官通过"利益衡量"而作出的判决也会成其法律的一部分,银行信用作为独立担保"制度利益"的体现正是通过判例法被不断确认的。但是,在我国,对于"制度利益"的确认,是通过立法机关的立法来完成的,一部立法的公布实际上就是一次"利益衡量"的结果。因此,我国司法对"利益衡量"原则的适用应当与英美法有所区别。

源自自由法学和利益法学的"利益衡量"理论,最初是作为法律解释和法律适用的方法论出现的。[2] 利益法学认为,法律规范构成了立法者为解决各种利益冲突而制定的原则和原理,法律规范的制定就是一种价值判断的形成。但法律常常是不健全的,因此,法官应当首先确认立法者订立的法律规

---

[1] Bolivinter Oil S. A. v. Chase Manhanttan Bank, Commercial Bank of Syria and General Company of Homs Refinery. [1984] 1 Lloyd's Rep. 251.

[2] 参见吴从周:《概念法学、利益法学与价值法学:探索一部民法方法论的演变史》,中国法制出版社,2011年,第20-21页。

则旨在保护的利益,并以此为依据结合自己对利益的判断处理案件。[1]"利益衡量"的前提是客观上存在利益的冲突,正如马克思所说:"平衡总是以有什么东西要平衡为前提。"[2]"法律的目的只在于,以赋予特定利益优先地位,而他种利益相对必须作一定程度退让的方式,来规整个人或社会团体之间可能发生,并且已经被类型化的利益冲突。"[3]基于此种理念,司法中的"利益平衡"应当在识别具体的法律规范所调整的利益类型的基础上,分析不同利益间可能存在的冲突。首先依据法律对各利益的排序明确利益的保护顺序;如果法律规定不明确,则应先探索该法律制度创设的社会价值,即其立法目的和"制度利益",通过探求立法者的意图来确定保护的对象,并结合域内社会经济发展的实际需要,对不同利益分层次进行比较,判断其利益位阶的优劣;在利益位阶明确的基础上,还应当深入案件事实,通过对"个案"的衡量,对冲突利益的比较,在保障优势利益的同时,将对相冲突的其他利益的损失控制在合理的范围之内,使所有的法律价值都能得到最妥善的衡平。[4]

简言之,不同于英美法,在我国,法官在审理案件中的"利益衡量"不是立法的过程;相反,当法律有明文规定,并且其适用也不会造成实质的不正义时,不能运用"利益衡量"。"利益衡量"只是一种法律解释的方法而非法的创造,法院应当依据立法中所体现的价值取向作利益取舍。

一、明确"保函止付"下具体当事人的利益类型

《独立保函司法解释》第14条在对裁定中止支付的要件规定中,只将"给止付申请人的合法权益造成难以弥补的损害"明确为法院应考量的损失因素。实际上,一旦法院下达止付裁定,受益人基于独立保函的索款利益可能遭受损害,作为被申请人的银行或者其他金融机构一旦被止付则可能损失商业信誉和信用,如果保函是涉外保函,被申请人可能还要承担在海外被诉的风险及巨额的经济损失。基于此,在审理"保函止付"申请的案件中,存在的利益类型应当包括:申请人可能遭受的损失、受益人的索款利益及被申请人

---

[1] Heck Philipp. *The Formation of Concepts and the Juriprudence of Interests.* // Magadalena Schooch. *The Juriprudence of Interests.* Boston: Harvard University Press,1948:33. 转引自王振东:《现代西方法学流派》,中国人民大学出版社,2006,第160页。

[2] 《马克思恩格斯全集·第二十六卷》,人民出版社,1973年,第604页。

[3] 卡尔·拉伦茨著,陈爱娥译:《法学方法论》,商务印书馆,2003年,第1页。

[4] 参见王利明:《民法上的利益位阶及其考量》,《法学家》2014年第1期,第82页。

可能遭受的利益损失。

二、确认"保函止付"下各利益间之位阶

对利益位阶的确认其实也是对立法目的的探索,而立法目的基于法律文本而形成的法律制度正是其"制度利益"的直接表现。然而,一部法律所保护的利益范围往往是多元的,但各项利益并不具有同等的价值,"利益衡量"正是要求司法机关通过对不同利益的比较,区分利益的优先性。

（一）法定要件成立的情形

一般情况下,法律对权利和利益的设定,都会依据不同的价值追求加以排序,立法者在设定各种法益的时候,就应当区分各种法益保护的等级[1]。如果法律已经确认了某种利益应当被优先保护,就应当严格遵守法律的规定,按照法定顺序对相关利益进行保护,此时不需要"利益衡量"。《独立保函司法解释》结合我国《民事诉讼法》有关行为保全的规定将欺诈的高度可能性、情况的紧急性、损失的难以弥补性及担保的足额性列为中止银行付款的基本要件,其目的是为了防止日后申请人在欺诈事实成立的情况下遭受不可挽回的损失。依据法律条文的表面规则,在要件均成立的情形下,相对于受益人的索款利益和被申请人的经济损失和信用损害,止付申请人可能的经济损失应处于优势的利益位阶,足额的担保在一定程度上减少了受益人正当索款利益损失的可能性。

（二）法定要件缺失的情形

在一些情况下,立法者对于不同利益之间的排序在立法中并不能明确体现,这就需要法官行使自由裁量权,通过法律解释,依据案件的具体情况在司法过程中进行价值的衡量和利益的取舍,决定优先保护何种利益。《独立保函司法解释》第14条将欺诈的高度可能性、情况的紧急性、损失的难以弥补性及担保的足额性作为下达止付裁定的要件,而对于这些要件应如何判定,法律并未提供明确的依据和判决思路。这在很大程度上源于大陆法系民事诉讼"自由心证"的原则,然而将担保的足额性作为下达保函止付令的判定要件,要求"止付申请人提供了足以弥补被申请人因止付可能遭受损失的担保",这从根本上是混同了财产保全与行为保全的下达目的,没能意识到错误

---

[1] Markesinis Basil. *Foreign Law and Comparative Methodology: A Subject and a Thesis*. Cambridge: Hart Publishing House, 1997: 235.

的行为保全措施对被申请人利益的巨大损害,此损害常常是很难以金钱衡量的。何等的担保数额足以弥补错误止付可能给银行带来的信用损失？此要素必然成为司法实践中的认定难题,当前的司法判例中甚至出现了以保函数额为合理担保数额的裁决。[1]这等于是又混同了"受益人索款利益"与"被申请人的经济损失和利益损失",彻底扭曲了保函项下各方当事人的合法利益。如果以当前立法规定的要件为"保函止付"的下达条件,那么止付令的下达几率几乎为零。

对个案具体的利益衡量当然应当寻求现行法的根据,一旦法律出现漏洞,法官则应依据"利益衡量"在司法过程中进行价值判断和利益取舍。此时确定利益位阶实际上是对立法目的的探究,即依据现行法的立法目的进行价值判断。如果认定当前的法律规定不具有可适用性,法官就应当通过"利益衡量"进行补充和解释。"保函止付"的规定是《独立保函司法解释》的组成部分,而该解释制定的直接目的就是"为正确审理独立保函纠纷案件,切实维护当事人的合法权益,服务和保障'一带一路'建设,促进对外开放",而保函的独立性是此立法目的实现的基础。"保函止付"的规定是针对独立性的例外情形(保函欺诈和滥用)的适用规则,是特殊情况下金融机构付款的阻却事由,只有在相关要件均符合的情况下方可适用。当其要件不能全部满足时,法院强制要求银行中止付款,表面上看可能损害受益人的索款利益,深层次上则是对银行独立付款义务的否认,更是对银行信用的严重损害;而银行信用价值的缺失将导致整个独立担保制度的失效,也会使得《独立保函司法解释》失去其应有的立法价值。毫无疑问,基于"利益衡量",银行作为被申请人可能遭受的信用损害相较于止付申请人可能之经济损失应处于优势利益位阶。

与此相区别的是,在不涉及被申请人的付款权利的情况下,保函受益人的索款利益由于不涉及保函项下的独立性原则,应与止付申请人可能之经济损失处于相同的利益位阶。此时,法官可以依据比例原则衡量双方可能之损失大小并进行比较,进而作出裁决。在英美法的禁令申请中,如果申请人在受益人向银行索款前察觉欺诈的可能性,继而向法院申请禁止受益人索款,法官则会将双方可能之利益损失作为判定标准,此类禁令下达几率相较禁止

---

[1] 如辽宁奉天机械贸易有限公司与 SINO 股份公司保函保全一审民事纠纷案[沈阳高新技术产业开发区人民法院(2017)辽 0192 财保 1 号]。

银行支付类要高得多。[1]

三、基于具体个案的"利益衡量"

"利益衡量"并不是简单的利益排序,在确定了法律关系中所涉利益之具体位阶之后,法官还应当根据个案事实及其所处的社会环境充分衡量相对优势利益与弱势利益的冲突后果,在保障优势利益的同时尽量使其他利益的损失降至最低。然而,基于我国当前法定要件中对"止付申请人提供了足以弥补被申请人因止付可能遭受损失的担保"的明确规定,依据现行规则,在独立担保制度下处于优势利益位阶的"被申请人基于止付可能遭受的损失"的可弥补性,应当作为"保函止付"裁定下达的第一要素。由此看来,如果法官严格适用《独立保函司法解释》中对"保函止付"的规定,止付申请应当无实现之可能。

第四节 "利益衡量"指引下"保函止付"的规则重塑

"利益衡量"要求法官结合"制度利益"和区域现状对法律作出符合社会需求的解释,其最终目的是促进立法的完善,使法律更契合社会、伦理、经济的发展与变迁。法官在"利益衡量"中发现的新问题就可能促进法律制度本身的发展,如果发现现行法律制度对出现的问题不能提供足够救济,则可能意味着修改或创设法律制度的必要性。[2]

一、调整下达中止支付裁定的必备条件

《独立保函司法解释》第14条对下达止付裁定要件的规定成为司法实践的重大障碍,其中"止付申请人提供了足以弥补被申请人因止付可能遭受损失的担保"的规定混同了被申请人和受益人在止付项下可能遭受的损失差异,这与我国当前《民事诉讼法》项下行为保全实体性和程序性规则不完善不无关系。如果严格适用此要件,则保函止付令几乎无下达的可能性。当前,我国司法出现大量"保函止付"裁定下达的情况正是法官对相关要件宽松适用的结果。基于被申请人可能遭受的损失很难用具体金额衡量,而止付可能

---

[1] Themehelp Ltd. v. West and Others. [1996] Q. B. 84.
[2] 参见梁上上:《制度利益衡量的逻辑》,《中国法学》2012年第4期,第77页。

的直接经济损失人为受益人,建议将第 14 条第 3 款更改为"止付申请人提供了足以弥补受益人因止付可能遭受损失的担保"。

二、增加条款明确"利益衡量"下应当综合考量的因素

基于"保函止付"具有行为保全的性质,错误止付可能给被申请人及受益人造成巨大损失,建议引入"利益衡量"原则,以保证"保函止付"裁定下达的严格性[1],增加法院审查"保函止付"申请应当考量的因素条款,要求法官在确认法定要件成立的基础上,将"受益人可能的利益损失""申请人可能的利益损失""申请人与受益人可能遭受的利益损失的比较""被申请人可能的利益损失"等列为法院裁定是否下达止付令时综合考量的因素。由于被申请人可能的利益损失包括信用损害,且是独立担保立法的制度利益体现,建议法院在"保函止付"的必备条件完全具备的情形下对应当考量的因素进行综合考量,而不是简单地将止付裁定可能涉及的利益直接比较得出结果,避免出现英美法"保函止付"申请标准过于严苛的情况。

三、增加对"欺诈的高度可能性"的解释条款

"欺诈的高度可能性"作为中止支付的必要条件,是法官决定是否下达"保函止付"令的关键。出于临时救济的效率要求,法官必须在 48 小时内基于申请人提供的证据材料作出裁定[2],在如此短的时间内仅凭申请人提供单面证据,要求法官对"欺诈的高度可能性"作出判断,这的确是非常困难的。再加上对于"高度可能性"这一民事诉讼法下的证明标准,尽管有大量学者进行了研究和讨论[3],认为"高度可能性"标准应该达到:依据相关证据,法官虽未完全排除怀疑,但内心形成事实极有可能或非常可能如此的判断[4],从

---

[1] 作为当前唯一以成文法形式规定保函项下临时禁令的国际法规则——《联合国独立保函和备用信用证公约》,其第 20 条将"欺诈的高度可能性"认定作为临时禁令下达的唯一必要条件,将其他诸因素作为应当考量的因素。

[2] 参见《独立保函司法解释》第 16 条。

[3] 学者更多是对与"高度可能性"相类似的"高度盖然性"标准进行讨论。2015 年,最高人民法院发布的《关于适用〈中华人民共和国民事诉讼法〉的解释》首次采用了"高度可能性"的表述,最高人民法院的官方解释指出,"高度可能性"即指"高度盖然性"。参见阎巍:《对我国民事诉讼证明标准的再审视》,《人民司法》2016 年第 31 期,第 94 页。

[4] 参见江伟:《民事诉讼法(第四版)》,高等教育出版社,2013 年,第 225 页;李浩:《民事诉讼法学(第二版)》,法律出版社,2014 年,第 235 页;张卫平:《民事诉讼法(第三版)》,中国人民大学出版社,2015 年,第 188 页。

百分比的角度看,应达到80%~90%。然而,由于缺乏明确的立法依据,在司法实践中法官对这一概念的理解仍然存在很大差异,在各类案件的判决书中更是出现了"高度盖然性""证明优势""优势证据""排除合理怀疑""盖然性占优势"等各种概念[1],当前司法实践中"保函止付"令下达的随意也是例证。基于"欺诈的高度可能性"要素于"保函止付"案件中的关键性作用以及行为保全错误可能给被申请人造成的重大损害,建议在《独立保函司法解释》中增加专门条款对其进行适当解释,明确其标准高度。值得一提的是,最高人民法院在2018年12月发布的《关于审查知识产权纠纷行为保全案件适用法律若干问题的规定》作为针对具体行为保全措施的单向规定,就根据知识产权纠纷案件的特殊性,对"情况紧急""难以弥补的损害""知识产权效力稳定"等涉及法官自由裁量的疑难问题作出了引导性解释[2]。这对于同属"行为保全措施"的"保函止付"规则制定有重要参考价值。

小　　结

《独立保函司法解释》的制定是为了使独立担保更能满足我国发展的实践要求,其直接意义就是对独立担保区别于传统担保的独立性特征的肯定,其项下的"保函止付"规则的设定是为了防止"保函欺诈"人对独立保函的滥用。然从欺诈例外规则被确认起,各国司法对其适用均采取谨慎的态度,这是源于错误适用可能导致对独立担保制度的彻底摧毁。我国当前司法实践中法官对保函的任意止付,对独立担保商事功用的破坏性极大,严重损害了作为被申请人的银行等金融机构的信誉,其产生的国际影响会使我国银行涉外保函业务的开展陷入困境,不利于"一带一路"倡议下我国的经济发展和社会进步。"利益衡量"原则的引入,意在促进"保函止付"裁定下达的司法修正和规则重塑。总之,司法中的"利益衡量"可以避免"保函止付"裁定下达的任意性,促进独立担保制度下立法的完善,使其更适应社会经济发展的实践需求。

---

[1] 参见吴泽勇:《中国法上的民事诉讼证明标准》,《清华法学》2013年第1期。
[2] 参见《关于审查知识产权纠纷行为保全案件适用法律若干问题的规定》第6条、第8条、第10条。

第五章

宏观与创新思维下独立保函的制度发展

第一节　概　述

一、全球化商事立法趋同发展的理念定位

此次中国法对保函欺诈例外的创新诠释已充分显示了《独立保函司法解释》作为当今世界最为细致的独立担保成文化国内立法的前沿引领性。在相当长的历史时期里，由于中国贸易后发性特质，中国商事规则多受到外国，特别是欧美发达国家法律理论和法律思维的束缚。2008年金融危机以来，中国在世界政治经济舞台的引领作用愈发明显，共享经济和网络金融在中国的发展是全球金融体系改革中中国积极参与全球治理机制和构建国际新秩序的良好契机。一方面随着中国商事实践的发展，司法实践中暴露的问题越来越多，中国迫切需要针对中国问题的商事立法；另一方面，国际经济形势转变中，中国商事发展日趋前沿，因而也遭遇到很多缺乏域外参考经验的新问题，在这一背景下，立足于中国实践的先进法治理念也对国际商事规则的制定与发展具有引领作用。融合了中西方法治经验的中国独立保函司法解释正是我国司法实践在全球化背景下的重要发展。《独立保函司法解释》对欺诈例外的细化规定是在大陆法传统的基础上,对英美法个性化规则的吸收和进一步解释。从历史的眼光看,"许多伟大民族的历史都有一种从有限的但新鲜活泼、精力充沛的个性发展到无限的普遍性的过渡"。[1] 以中国化视角制定的《独立保函司法解释》必然也面临着与国际法律实务的对接,这也是全球化背景下国际商事立法需求趋同性的重要体现。

二、宏观类别化立法的实际需求

从我国独立担保制度的建构的宏观角度看,《独立保函司法解释》作为独立保函的单行性规范,不仅开创了世界范围内就独立保函进行单独规范之先河,其连同2016年4月公布的新《国内信用证结算办法》以及2005年10月公布的《信用证司法解释》,更使得我国独立担保制度初具雏形。虽然《独立保函司法解释》的出台是国际商事习惯冲击的自然结果,这与美国银行业对信用证的多样化功能探索存在区别,但其作为单行规范的存在形式也表明了其与传统担保脱离的发展方向性。与法国不同,我国独立担保制度产生目的原理就决定了它脱离大陆法系传统担保从属性特征于独立担保制度的深重束缚的可能性。尽管出于对信用证和独立保函作为商事工具的目的性差异考量,我国针对二者出台了单行的司法解释,但这也从另一个侧面体现了无论是信用证还是独立保函,在中国均是脱离传统担保体系独立存在的个体。比较《独立保函司法解释》与2005年出台的《信用证司法解释》也不难发现其在独立性、欺诈例外等多项涉及二者基本特征的条款上的一致性。二者同为独立担保制度衍生物的身份可见一斑。"一带一路"倡议实施以来,作为与之相配套的金融工具的独立保函,成为我国对外经济关系中的先导性业务。我国正处于"从贸易大国迈向贸易强国"的稳步加速进程,在贸易、投资、工程承包等领域不断增长的规模和提升的国际地位,决定了保函业务未来发展的前行态势。从中国商事发展的实践需求考量,从《独立保函司法解释》的细化条文入手,着眼于包括信用证、备用信用证等各类独立担保衍生物在内的独立担保制度的宏观建构应该成为我国独立担保法律规制的发展方向。

三、数字科技发展下贸易金融领域法制的发展方向

近年来,随着独立担保多样化功能的不断发展,欧美国家对独立担保

---

[1] 弗里德黑希·卡尔·冯·萨维尼著,许章润译:《论立法与法学的当代使命》,中国法制出版社,2001年,第234页。

的研究开始呈现微观化特征,针对独立担保运用于电子商务、建筑工程、融资租赁等不同领域产生的法律问题进行针对性研究[1];而在国内,共享经济和网络金融的迅速发展,使得信用证和独立保函的商事功用性一再扩展,特别是在贸易金融领域,商业银行也不遗余力地推动贸易金融资产证券化的发展,这必将成为独立保函业务发展的又一高潮。此次《独立保函司法解释》最大的遗憾是没有提及备用信用证。在发达国家的商事交易中,所有信用证,无论是商业信用证、备用信用证,还是国际信用证、国内信用证,都是信用证,都可以适用同一套规则。在 2015 年,我国工、农、中、建四大商业银行保函余额已达到 24 450 亿元,保函业务已发展成为银行涉入贸易投资领域的主流业务,这其中包含商业信用证、备用信用证、独立保函等在内的各种业务类型。我国目前重形式表现、轻实质功用的法律规制方式将成为我国司法实践的一大隐患。此外,在机遇与风险并存的共享经济时代,科技创新已经成为人类赖以发展的原生力量,伴随着人工智能和科技创新对金融行业的全方位渗透,宏观独立担保领域与金融科技的结合势不可挡。在贸易金融领域,金融与科技的交互发展并不会也不可能只停留在技术与产品的层面,二者在发展中的共生与融合,继而引发的金融乃至整个商事领域的制度变革将会成为法学界关注的焦点。在大数据、区块链、云计算、人工智能等新兴前沿技术带动下,传统金融体系中核心金融机构中心地位的消失必将成为必然,独立担保法律规制的重点也必将从"中心化"的"银行信用"向"去中心化"的"信息信用"转化,贸易金融领域的整体法律规制将成为独立担保领域法制的发展方向。

第二节　大数据赋能下信用证电子系列规则的发展

作为贸易进出口大国,近年来我国进出口信用证业务量均居世界前列[2]。2016 年新《国内信用证结算办法》(简称"信用证新规")的出台,又拓宽了国

---

〔1〕 Stein Joshua. *An Update on the Bankruptcy Law of Large Letters of Credit for Leases*. Real Property, Probate, and Trust Journal,2010(2); Pealer Casius. *The Use of Standby Letters of Credit in Public and Affordable Housing Projects*. Journal of Affordable Housing & Community Development Law,2005(3).

〔2〕 根据国际商会(ICC)公布的《2018 年全球贸易金融调查报告》(2018 GLOBAL TRADE-SECURING FUTURE GROWTH: ICC GLOBAL SURVEY ON TRADE FINANCE),2017 年全球开立的约 4200 万信用证中涉及中国的有 130 万。

内信用证的业务范围,增加了服务贸易等交易类型[1],同时将最长付款期限延长至一年,这进一步丰富了信用证的融资功能,但同时也增加了信用证项下的交易风险。信用证作为一种传统的贸易、金融结算工具,已经活跃于国际商事领域超过200年。[2] 在20世纪60—70年代,信用证曾经是国际贸易结算市场的第一大支付工具,市场占比率超过80%。然而,90年代以后,在世界范围内信用证使用率明显下降,近年来更是出现了逐年萎缩的现象。2017年世界各国信用证结算占比相较2016年又下降2.69%,跌至2011年以来最低水平(见图3),这与全球信用供应链经济的发展不无关系,但更是"数据孤岛"[3]时代下,信用证结算频现信用危机的结果。

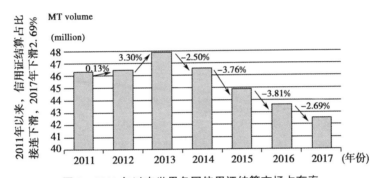

图3 2011年以来世界各国信用证结算市场占有率

(出处《2018年全球贸易金融调查报告》)

---

〔1〕 2016年《国内信用证结算办法》第3条:"本办法适用于银行为国内企事业单位之间货物和服务贸易提供的信用证服务。服务贸易包括但不限于运输、旅游、咨询、通讯、建筑、保险、金融、计算机和信息、专有权利使用和特许、广告宣传、电影音像等服务项目。"

〔2〕 19世纪中后期,随着资本主义国家间跨国贸易的不断增加,贸易各方间商业信用问题凸显,处于不同国家和地区的交易双方对于对方的资信及其所处地的政治经济政策和法律法规均不甚了解,信用证作为由银行信用为基石的新型结算方式,在英国应运而生,并被世界各国广泛运用,逐渐成为国际结算中一种通用的支付方式。

〔3〕 "数据孤岛"即"Data Silos",在全球贸易的发展中,各企业、各部门内部都拥有着与自身发展相关的数据信息,这些信息被储存在独立的空间范围内,无法和其他数据形成连接互动,形成一个个的"数据孤岛",大数据时代人工智能与数据的结合,有望改变这样的局面。See: Dympna Leonard, Petra Buettner, Fintan Hompson, et al. *Linking "Data Silos" to Investigate Anaemia Among Aboriginal and Torres Strait Islander Mothers and Children in Far North Queensland*. Australian and New Zealand Journal of Public Health, 2018(8): 120.

一、"数据孤岛"时代信用证频现信用危机

信用证素以高效、快捷、安全而著称。从单据的审核到货款的支付,信用证的一系列程序都是通过指定银行的职能来完成的。银行独立性的付款责任消除了卖家远距离收款的顾虑,"单证相符、单单相符"的付款依据也免去了买家对于货物运送不达的担忧。在相当长的时间里,"银行的独立性付款责任"成为有效解决国际进出口贸易中交货和付款矛盾的基础。[1]然而,信用证结算本身依然存在一定的风险。单据不符时的拒付风险、货物偏离合同要求时的违约风险等都是信用证独立性原则下的当事人可能面临的交易安全问题。在"数据孤岛"时代,这一问题就更为显著。"数据孤岛"意味着各个信用证体系下的当事人即便拥有物理上可检测交易风险的相关数据,也不能通过逻辑连接和分析作出准确判断。这使得信用证制度固有的缺陷如结算周期过长、项下法律关系复杂等,又进一步引发了信用证欺诈、软条款植入等延伸性问题。近年来,信用证拒付率持续高升,世界各国家、地区由于信用证风险导致的交单失败平均比率已近50%。[2]当事人在支付了高额成本的情形下依然得不到交易安全的保证,信用证项下"银行信用"的安全与稳定性频遭质疑。面对信用证的信用危机,欧美发达国家商人开始尝试采用赊账等相对成本较低的结算方式替代信用证结算,然而,经济发展相对欠发达地区的商事主体仍然需要依赖信用证来维护交易安全。2017年,亚太地区信用证的使用量在世界范围内占比77.2%,而欧洲和北美相加占比不足20%。

我国正处于经济高速、平稳发展时期。在国内,对于成长期的中小企业来说,资金短缺、合作关系不成熟等问题仍然很普遍,依靠信用证结算保证交易安全的需求依旧稳定;从国际上看,"一带一路"倡议下,我国企业"走出去"的合作对象,常常存在于政治经济环境相对不稳定的国家和地区。这时候,信用证又成为企业规避风险的最优选择[3]。但在多年信用证实践中,各类

---

[1] 刘斌:《独立担保的独立性:法理内涵与制度效力——兼评最高人民法院独立保函司法解释》,《比较法研究》2017年第5期,第28页。

[2] 其中,北美洲39.60%、亚洲和大洋洲53.20%、欧洲57.90%、南美45.70%。数据来源于国际商会公布的《2018年全球贸易金融调查报告》。参见:刘洪彬、王柳:《信用证结算存在的风险及防范措施》,《经营与管理》2018年第2期,第106页。

[3] 虽然商业信用在国际贸易中认可度的增加使得国际贸易方可以选择托收,电汇等以商业信用为付款保证的结算方式以减少信用证支付的高额成本,但信用证的安全快捷特性还是其他结算方式无法替代的。

纠纷屡见不鲜,2005 年《最高人民法院关于审理信用证纠纷案件若干问题的规定》的出台和 2016 年"信用证新规"的修订,在一定程度上为人民法院提供了判案指导,可是一旦涉及信用证制度本身缺陷的问题,当前立法仍显乏力,部分地方法院更是出现法律适用无据的混乱现象。2015 年上海钢贸事件[1]和青岛港融系列案件[2]连续爆发后,各级法院信用证止付数量激增就是明确的例证。信用证信用危机和当前我国贸易金融市场对信用证结算的需求存在着巨大矛盾。

20 世纪中后期,信用证开始进入电子时代。电子信用证其实就是在传统的信用证业务中加入大数据、电子技术和人工智能的元素,实现开立信用证、通知信用证、交单、审单乃至付款的全电子化流程运作。电子信用证时代的来临为信用证信用危机的解决提供了契机,大数据通过人工智能,借助电子平台给贸易金融行业提供信用评估和信息匹配,从而大大降低了欺诈等风险。信用证结算的历史性、功能性决定了其在国际商事领域的重要作用,面对欧美国家出现的信用证适用锐减情况,结合大数据时代下电子信用证的发展需求,国际商会多次尝试对相关规则进行修正和补充,此次《跟单信用证统一惯例关于电子交单的附则(eUCP2.0)》的发布,对信用证的发展意义深远。于我国而言,要在制度上、司法上减轻和避免当下信用证信用危机对银行业乃至整个商业的损害,首先应当明确信用危机的来源及其成因,并从国际商事规则的法制历程中总结经验。认清大数据和人工智能时代下法制能动性的发展方向,只有"当我们理解风险时,我们才愿意承担风险;如果我们没有竞争优势或经验有限",我们就应当"将风险承担最小化"[3]。

二、信用危机的深层原因:"数据孤岛"时代下信用证的制度缺陷

众所周知,独立抽象原则是信用证体系得以存续的基石,而银行独立于基础合同的付款责任则是独立抽象原则最重要的体现。银行作为独立担保

---

[1] 2010 年后国家出台地产调控政策,钢价在 2011 年迎来暴跌,大量的沪上钢贸企业陷入巨亏,继而出现资金链断裂。2013 年上半年,仅在上海各级法院开庭审理的针对钢贸商的金融借款纠纷就超过 600 起。

[2] 2016 年,青岛港地区被曝出发生大宗商品融资诈骗案件,该地企业德诚矿业涉嫌利用同一批金属库存重复骗取融资贷款而遭到调查,多家银行牵涉其中,涉案金额超百亿元人民币。

[3] 刘云飞、邓晓泉、朱绪刚:《重新审视国内信用证业务》,《中国外汇》2016 年第 16 期,第 39 页。

人的独立性,要求银行必须不受任何基础合同条款的干扰,独立地审核受益人提交的单据,依据"单证相符、单单相符"的"严格相符"原则决定是否付款。这是信用证体系的制度保障,却也成为"数据孤岛"时代下信用证无法避免的制度缺陷。

（一）独立于基础合同下的信用证欺诈

在信用证体系中,各方当事人交易的内容实际上是单据而不是具体的货物,只要单据内容与信用证条款严格相符,银行就必须付款。独立于基础合同的基本特征,使得银行可以无需考虑信用证项下合同的履行,只依据专业对相关单据进行审核。相对地,信用证的受益人也就不需要向银行证实基础合同的实际履行情况。信用证单据与基础合同实际履行的分离,无疑给不法分子提供了利用信用证进行欺诈的空间,数据信息的缺乏、逻辑匹配技术的不足,又无形中扩大了这一空间。"从诈骗的角度看,信用证诈骗最吸引人的地方就在于,犯罪人只要交付了信用证条款中指定的单据就可以要求银行支付,即便货物根本没有装船,犯罪人甚至不需要真正拥有一艘货船,也可以实施信用证欺诈。"[1]自信用证被广泛应用以来,国际上信用证欺诈案件时有发生,20世纪中期,案件数量更呈直线上升趋势[2],由信用证欺诈引发的信用证诈骗更是屡见不鲜。仅在1995年的美国,信用证诈骗所引起的经济损失就超过5亿美元。20世纪90年代起,信用证欺诈引发的巨大经济损失严重影响了信用证在欧美国家的信誉,这也是信用证结算在欧美应用锐减的重要原因之一。而在我国这样信用证发展较晚的国家,信用证欺诈也逐渐蔓延。1998年我国香港地区信用证欺诈案件高达21起,涉及金额达数十亿港元。2008年震惊法学界的"中盛粮油案"[3]也是以信用证为载体实施的诈骗案件。

针对信用证运行中出现欺诈问题,英美法学界很早就尝试以欺诈例外的

---

[1] Conway Barbara. *The Piracy Business*. London: Hamlyn, 1981: 23-25. See also: Conway Barbara. *Maritime Fraud*. London: Lloyd's of London Press, 1990: 8-9.

[2] 如: Old Colony Trust Co. v. Lawyers' Title & Trust Co. [1924] 297 F. 152; Maurice O'Meara v. National Park Bank. [1925] 146 N. E. 636; New York Life Insurance Co. v. Hartford National Bank & Trust Co. [1977] 378 A. 2d 562. Intraworld Industries v. Girard Trust Bank. [1975] 336 A. 2d 316; Dymanics Corp. of America v. Citizens & Southern Nat'l Bank. [1973] 356 F. Supp. 911; SEC v. Capital Gains Research Bureau Inc. [1963] 375 US 180;等。

[3] 2005年起,"中盛粮油"通过亏本的棕榈油进口业务获取信用证套现,然后进入地下钱庄博取高利,在资金链断裂后,"中盛粮油"被数十家银行和金融机构申请诉讼保全,涉案金额超十亿元人民币。

形式予以规制。早在1941年,美国的Sztejn v. J. Henry Schroder Banking Corporation一案[1]中,就确立了美国法下欺诈例外规则的雏形[2];英国法院在1976年的Discount Records一案[3]中也直接引入Sztejn一案的判决,明确了欺诈例外条款在英国信用证领域的适用。然而,由于缺乏基础的信息和数据支撑,法院只能从单一的法律规则适用角度对法理进行分析,以判定"信用证欺诈"是否存在。欺诈例外规则本身与信用证的基本属性"独立性"又存在着固有的法理冲突,这使得规则下欺诈的判定在国际上始终处于困境。

尽管1995年的美国《统一商法典》(简称UCC)明确了"实质性欺诈"作为欺诈例外在信用证交易中的适用标准,但"实质性欺诈"的标准侧重于考量欺诈行为对所涉及的基础合同的损害程度,这也意味着对基础合同履行的影响程度高低成为判定欺诈是否成立的依据[4],这一标准事实上是要求银行承担审查基础合同实际履行的责任,从根本上动摇了信用证存在的基石——独立性原则[5]。在"数据孤岛"时代,银行也无法全面掌握相关基础合同信息,从而作出正确判断。有时候受益人提交的是虚假单据,全人工的检查程序也可能出现识别错误。同为英美法系的英国,其司法界对欺诈例外的适用也遭遇同样的困难。虽然英国法采用了不同于美国的"受益人欺诈"理论[6],但此理论除了要求欺诈事实被完全证实外,还将欺诈主体仅限于受益

---

[1] Sztejn v. J. Henry Schroder Banking Corp. [1941] 4 N. Y. S. 2d 631.

[2] 其核心含义是:在信用证交易中,即便受益人提交的单据与信用证要求完全相符,如果受益人被证实有欺诈的行为,那么开证人也有权拒绝支付。参见陆璐:《欺诈例外条款在英美法系信用证实践中的运用比较》,《江海学刊》2008年第1期,第226页。

[3] Discount Records Ltd. v. Barclays Bank Ltd. and Barclays Bank International Ltd. [1975] 1 Lloyd's Rep. 444.

[4] 陆璐:《独立保函国内适用难题研究——以信用证欺诈例外规则的引入为视角》,《苏州大学学报(哲学社会科学版)》2014年第6期,第89页。

[5] 美国法院在实践中对"实质性欺诈"的认定也十分严格,甚至连根本违约行为都无法适用欺诈例外。2000年的Mid-America Tire v. PTZ Trading Ltd. Import and Export Agent一案中,MAT通过PTZ的代理机构向PTZ购买一定数量的轮胎,PTZ的代理机构就轮胎的数量、质量及价格向MAT作出保证,双方合议采用信用证结算方式。但在协议订立后,MAT发现协议中关于轮胎质量、数量的条款均与原先PTZ代理机构的保证严重不符。MAT向法院申请禁令,在一审中法院授予了该项禁令,但在上诉审中禁制令又被撤回,理由是信用证欺诈只局限于对买卖合同产生彻底损害的行为。

[6] 英国的"受益人欺诈"理论源于1775年,Mansfield大法官在Holman v. Johnson. [1775] 1 Cowp. 341一案中提出的一项重要原则"ex turpi causa non oritur action"。Mansfield大法官明确指出法院不会对任何违反法律和基本道德的诉讼请求予以支持,换言之,就是非法或者不道德的行为不能取得诉因。

人，举例而言，即便受益人提供了虚假的单据或文件，只要无法证明受益人主观上伪造文件的事实，欺诈例外依然不能适用，对受益人是否主观上存在欺诈这一问题的判定也缺乏明确的客观标准。相较于英美法，大陆法系在此领域的规定更乏善可陈，德国和法国对欺诈例外或采用宽泛认定，或采用个案认定，均未形成一般性原则。我国《信用证司法解释》第8条以列举的形式规定了信用证欺诈的情形，实际上是综合了英美两国对欺诈例外的适用标准，对我国信用证领域的欺诈起到一定的警示作用。但是，信用证交易脱离于基础合同的特性，仍使得证明欺诈行为的成立较为困难，同时伪造签名、单据等问题判断也同样困扰着银行的专业审单人。"数据孤岛"时代下欺诈例外的适用难题，一方面使得信用证欺诈无法得到有力的遏制；另一方面，法院如果贸然对疑似欺诈下达止付裁定又可能严重损害银行声誉，摧毁信用证的商事功用。

（二）"附加保证条款"引入下的"软条款"风险

信用证的独立性原则，要求银行在信用证的审单过程中，脱离基础合同判断欺诈情形是否成立，基本数据信息无法得到全面掌握和分析使得信用证欺诈例外规则的司法适用陷入困境。鉴于此，各国法学界的学者也曾尝试通过信用证制度的修正填补其缺陷。英国莱斯特大学法学院教授Janet Ulph在她的文章[1]中提出，为了减少信用证欺诈风险，可以让受益人与申请人以及银行签订附加的担保协议，要求受益人对其提供单据的真实性或者其本身不存在任何欺诈行为作出担保，并承诺赋予银行在担保协议中相关情形出现时的拒付权。

Janet Ulph教授的这一提议是针对信用证欺诈问题提出的，以担保协议的形式去防止欺诈。对于信用证之外的附加合同的效力问题，UCP600并没有提及。但其实"附加保证条款"在英国法中也早有先例[2]。2003年Sirius

---

〔1〕 Ulph Janet. *The UCP 600: Documentary Credits in the 21st Century*. J. B. L. 2007: 355,362.

〔2〕 早在2003年的Sirius International Insurance Co. v. FAI General Insurance Ltd. [2004] 1 W. L. R. 3251 (HL),[2003] 1 W. L. R. 2214 (CA)一案中，英国法院对附加保证条款的效力问题就已经表明了态度。在这个案件中，英国高等法院裁定信用证的受益人不得声张其收款的权利，因为他没能履行他与申请人签订的附加合同中承诺的义务。在附加合同中，信用证的受益人承诺在一定的条件没有满足之前，他不会声张信用证赋予其的收款权利。大法官May认为，受益人与申请人签订的附加合同是与信用证所依附的基础合同有本质的区别的。附加合同对信用证的效力提出了明确的限制，在这种情况下，虽然信用证条款中并没有相应的限制性内容，信用证赋予受益人的收款权利还是应当受到附加合同的限制，受益人在满足附加合同中所规定的条件之前，是无权声张其收款权利的。但是此时银行的支付义务不应当受到影响。

International 案的判决在一定程度上承认了"附加保证条款"的效力,这在法学界曾引起相当大的争议。威斯敏斯特大学法学院教授 Jason Chuah 认为承认"附加保证条款"对信用证交易的效力是对信用证独立性原则的严重破坏,英国著名法学家 Christopher Hare 也认为"附加保证条款"的存在会使银行面对一个无法应对的状况。然而,英国的最高法院在对这个案子后来的审理中,并没有就"附加保证条款"的效力问题再作讨论,但从后来的信用证的发展看来,"附加保证条款"变相成为信用证的又一制度风险——"软条款"风险的发源。

UCP 作为国际性商事规则,并不具有国家立法般的强制性,其适用问题只有在合同各方选用信用证作为结算方式时方才涉及,而各国对信用证的单行立法和地方法规还可能限制 UCP 的具体适用。从这个角度讲,UCP 的相关规则具有一定的合同性质。既然合同双方有更改合同条款的权利,那么为什么合同中不能在信用证结算约定中对受益人的索款权利加以限制呢?"软条款"常被学界认知为信用证中的"陷阱条款","软条款"可能会使受益人在交单索款的过程中遭遇障碍。"软条款"的存在要求受益人在索款时,除了提供约定的单据外还要满足其他条件,这一条件正是"软条款"的具体内容。"软条款"的形式千变万化,内容各异,它既可以限制信用证生效,也可以为信用证的修改提供空间,当然,其也可以作为防止受益人提交虚假单据的保障手段。尽管学界和实务界对"软条款"的批评声不绝于耳,但是基于 UCP 商事规则的自治性,国际商会并未对"软条款"提出任何禁止性意见。

从根本上讲,拒绝禁止"软条款"是国际商会对信用证作为自由选择的结算方式的尊重,也是对 UCP 法律效力的明确,不应存在异议。然而,由"软条款"引发的信用证风险却可见一斑。开证行对信用证业务的熟悉度,使其相较于受益人,在单证开立的条款设定时具有天然的优势。面对陷阱条款,受益人常常无法察觉,此时"银行信用"又再一次成为信用证信用危机的保护伞。同样的矛盾与困境还出现在严格相符原则与银行的独立性审单责任问题中。

(三)银行独立性付款权利下的不符点判定

信用证的独立性原则明确了信用证本身独立于基础合同的基本特征,另一方面也要求银行在面对受益人的付款申请时,独立地审核单据,独立地作出是否付款的决定。这就是银行的独立审单责任。只要受益人呈交的单据表面上符合信用证条款,银行就必须付款[1],这也是信用证项下的表面审单规则和严格相符原则的体现。尽管从 UCP500 到 UCP600,严格相符原则有一定的弱化趋势,但银行同样担心因单证不符而不能获得开证申请人偿款。通常在审单过程中,银行对"单据相符"的要求是十分严苛的。"严格相符"并不意味着逐字相同,但在信用证实践中,银行却常常可以因为轻微错误而拒付。在 Seaconsar Far East Ltd. v. Bank Markazi Jomhouri Islami Iran 一案[2]中,信用证条款规定,所有提交给银行的单据应当含有信用证号码和买方的姓名。银行审单时发现其中一份单据中信用证号码被省略了。英国高等法院据此裁定银行有权拒付。Lloyd 大法官认为,原告关于信用证号码为细微错误的抗辩是不能成立的,他强调,任何信用证中明确规定的要求都不能被忽视。换言之,信用证条款是没有可以忽略不计的内容的。这样严格的要求也使得银行在发现极细微的单证不符时,多数也选择拒绝支付,以此减少自身承担的风险。UCP600 中,原先一再被强调的银行在审单中需要做到的"合理的注意"一词的删除[3],又进一步明确了单证严格相符是衡量银行是否应当付款的最重要的标准。

严格相符原则的实际执行是十分困难的,尤其是在数据信息不完善又无智能技术支持的纸质信用证时期。涉及原始文件、多种类文件等问题时,"严格相符"的标准就更难被界定。[4] 对单据严格相符的判定本来应当是银行客观判断的过程,然而,主观性因素却不可避免地成为困扰。一旦涉及信用证欺诈问题,银行的审单过程便更加错综复杂。一方面银行面对可能存在的欺诈行为,犹豫于是否付款;另一方面,"欺诈例外"适用的不确定性,又让银行更倾向于寻找单据中细微的不符点先于拒付以保障自身利益。此时数据化的严格标准就显得尤为重要。近年来,在国际贸易实务中,因单证不一致造成的银行拒绝支付比例日益增加。根据国际商会的研究报告,每年的信用证交易中,能够完全做到单证严格相符的状况,只占总交易的 25% 左右。在

---

[1] UCP600 第 6 条规定:银行处理的是单据,而不是单据可能涉及的货物、服务或履约行为。

[2] Seaconsar Far East Ltd. v. Bank Markazi Jomhouri Islami Iran. [1993] 3 W. L. R. 756 (HL),[1993] 1 Lloyd's Rep. 236 (CA).

[3] UCP500 第 13 条中对银行支付义务的界定以其是否进行了"合理的注意"为准。这一条在 UCP600 中被略去了。

[4] 例如 JH Raynor & Co. Ltd. v. Hambro's Bank Ltd. [1983] Q. B. 711;Glencore International AG & Anor v. Bank of China. [1996] C. L. C. 95.

多数情况下,银行会与开证申请人沟通,如果开证申请人选择接受细小的不符点,银行还是可以付款。只有申请人不愿作出让步时,银行才会选择拒绝支付。但是,在特殊的情况下,严格相符的原则也可能成为申请人和银行在商品市场价格下跌时,拒绝支付货款的借口。2016年8月31日,世界排名第七的船务公司"韩进海运"宣布破产。这一事件在各行业中产生连锁反应,由韩进集团作为申请人开立的大量信用证被拒付,"数字金额舍弃小数点后三位""产地证上写出口人姓名"等莫须有的不符点均成为退单理由,甚至还出现了开证行承兑后拒不付款的情形。[1] 当面临巨额经济损失的时候,银行的独立性付款责任和信用证的独立性原则瞬间崩塌,作为信用证存续基础的"银行信用"也荡然无存。最伤感的是,从法律上讲受益人却很难追回损失,单证相符原则此时反而成为阻碍受益人获得合法权益的天然屏障。

除了拒付,UCP600的研究小组报告还曾指出,每年大约有70%的信用证单据在首次提交时因不"严格相符"被退单。虽然最终被认定为成立的不符点比例常常不到20%[2],但即使尔后不符点被弃,银行付款,信用证的商业信用损害程度依然可见一斑。受益人原本支付高额的信用证成本所预期的迅速收款权利不能得以实现,那么选择信用证结算还有何意义?

无论是"欺诈例外"的适用难题,还是"严格相符"的判定疑义都和信用证实际运作过程中当事人(主要是银行)的主观认知差异相关。在笔者看来,任何客观制度,一旦被渗入主观因素都会多少偏离原先预设的制度轨道。在信用证体系中,银行应当是不涉及任何基础合同利益的。作为信用证项下独立的付款保证人,如果银行不能保持中立和客观,信用证的高效与安全根本无法实现。"欺诈例外""严格相符"这一系列信用证项下的基本原则,无"银行信用"作为基本保障,均会成为一纸空文。"数据孤岛"时代下"被干扰的银行信用"成为信用证信用危机的根本原因。实际上,2008年金融危机以来,欧美发达国家大批的银行破产,在很多商人眼中,即使是处于完全中立地位的银行,也已经无法真正担负起独立担保人的责任。[3] 相较而言,近年来中国

---

[1] 臧玉晶、阎之大:《韩进事件对信用证独立抽象原则的冲击》,《中国外汇》2016年第20期,第27页。

[2] 夏霖:《信用证:充满生机》,《中国外汇》2019年第2期,第52页。

[3] 程啸:《民法典物权编担保物权制度的完善》,《比较法研究》2018年第2期,第56页。

信用证业务稳步增长的现象同样与"金融危机中逆势发展的富国银行经营理念"[1]密不可分。

在系列问题的冲击下,信用证市场面临前所未有的危机,贸易融资也成为经济下行中的风险高发领域。伴随科技时代贸易电子化的发展,传统的支付手段发生了革新与进化。结合人工智能、数字金融的发展,信用证领域出现多种尝试替代传统信用证结算的变体形式,比如银行付款责任(Bank Payment Obligation,简称"BPO");信用证结算本身也不断被加入电子化、高科技元素。国际商会也尝试根据电子商务时代下信用证的新变化,制定新的商事规则以填补信用证制度的固有缺陷,从而应对信用证的信用危机。从eUCP的制定到伴随BPO的发展而通过的《BPO统一规则》(*Uniform Rules for Bank Payment Obligations*,简称"URBPO"),再到2018年6月eUCP 2.0的发布,大数据、人工智能赋能下信用证规则体系变革已成为客观趋势。国际商会对此类商事规则的多次修订和补充是学界和实务界以法律制定应对信用危机,不断试错、纠错的过程,此间的经验与教训对贸易后发型的中国贸易金融市场颇具意义。

三、国际电子信用证规则的制定与修正

(一)电子信用证的产生与 eUCP 1.0

信用证早期是以纸质形式开立的,但在20世纪70年代就已经实现了电开模式。在当今世界,信用证几乎都是通过环球银行金融电信协会(简称"SWIFT")[2]系统开立的。"从传统的纸质信用证到电开信用证、网上信用证再到电子信用证,信用证的电子化程度在不断地加深。"[3]真正的电子信用证,应当实现全流程的电子化。目前国际上已建成部分第三方系统平台,如 BOLERO(Bill of Lading Electronic Registry Organization)系统、ESS(Electronic Shipping Solutions)系统、TSU(Trade Services Utility)系统和 TradeCard、CCEWeb、CargoDocs。1998 年成立的英国伦敦电子商务公司

---

[1] 刘云飞、邓晓泉、朱绪刚:《重新审视国内信用证业务》,《中国外汇》2016 年第 16 期,第 39 页。

[2] SWIFT 1973 年在比利时首都布鲁塞尔成立,到目前为止已经有超过 212 个国家及地区的近一万多家银行成为 SWIFT 的会员。SWIFT 各会员银行之间,采用全球卫星或海底电缆与会员的区域内电路相互连接,构成了完整的通信网络。

[3] 吴庆宝、孙亦闽、金赛波:《信用证诉讼原理与判例》,人民法院出版社,2005 年,第 161 页。

(Bolero International Limited,简称 Bolero 公司),开发了 Bolero 系统所开立的信用证,至今已运行 20 余年。Bolero 公司采用云端信息处理技术,结合相关贸易应用程序,开发出一套传输、交换电子单据与数据的网络平台,客户可以通过权利注册申请实现货物所有权的在线转让,银行可以通过该平台进行开证、信用证通知、审单等,真正实现了信用证体系运行的电子化。[1]

为了适应大数据时代下国际货物交付、运输、邮递等业务的相应变化,国际商会很早开始尝试制定针对电子信用证交单的相关规则。《跟单信用证统一惯例 UCP500 关于电子交单的附则》(*eUCP Supplement to UCP500 for Electronic Presentation*,简称 eUCP 1.0)于 2002 年应运而生。2007 年,伴随着 UCP600 的生效,国际商会又对 eUCP 1.0 进行了更新,即《跟单信用证统一惯例 UCP600 关于电子交单的附则》(*eUCP Supplement to UCP600 for Electronic Presentation*,简称 eUCP 1.1)。UCP600 本身的相关条款也明确承认了电子信用证的法律效力,并专门规定了电信传递的信用证及其修改规则。[2]

相较于传统信用证,电子信用证在坚持信用证基本原则的基础上,有着独特的优势。其电子化、网络化的实时操作,可以加速信用证的流转功能,避免延误带来的法律风险。特别是在防止信用证欺诈的问题上,一方面,在电子信用证项下,基础合同通常会与信用证及有关单据通过大数据平台向银行整体打包提交,因此银行可以更便捷地获知交易双方基础合同的相关信息,这可以有效地遏制基础合同欺诈的发生。当然,这并不意味着银行需要根据基础合同来审核单据,电子信用证和传统信用证一样遵循独立于基础合同的独立性原则。另一方面,依托信用证电子化技术,在电子平台上进行单据提交的同时,也可以通过特定的权限设定,剔除信用证流转单据被换的风险。[3]这大大填补了立法对信用证欺诈规制的盲点。此外,伴随着电子化审单的全面实现,电子化审单标准也可以明确化。在传统信用证体系中,银行独立的审单付款责任可能受到利益驱使的主观因素也可以彻底避免。在

---

〔1〕 吴学文、司红:《电子信用证核心法律问题》,《国际商报》2003 年 11 月 3 日第 4 版。

〔2〕 UCP600 第 11 条 a 款:"经证实的电讯信用证或修改文件将被视为有效的信用证或修改,任何随后的邮寄证实书将被不予置理。若该电讯文件声明'详情后告'(或类似词语)或声明随后寄出的邮寄证实书将是有效的信用证或修改,则该电讯文件将被视为无效的信用证或修改。开证行必须随即不延误地开出有效的信用证或修改,且条款不能与电讯文件相矛盾。"

〔3〕 王晓健、何玥、王丽华等:《可转让信用证项下的风险防控》,《中国外汇》2019 年第 13 期,第 130 页。

电子信用证下,信用证体系从单一依赖于银行信用转变为同时依托于大数据与银行信用,这一变化可以有效地遏制主观因素对客观制度的影响,有利于信用证运作保持在原先预设的制度轨道上。这也是 eUCP 1.0 制定的初衷。

eUCP 1.0 和 eUCP 1.1 作为对 UCP 的补充规则,实际上是尝试解决原有国际惯例如何适用于电子交单的问题。eUCP 的出台在一定程度上实现了传统国际惯例与新兴技术的衔接,同时继续保持信用证的基本原则。电子信用证依然是独立于基础合同的贸易结算方式,银行在电子信用证项下依然承担独立的付款责任,表面相符的审单原则也没有改变。eUCP 的核心问题是电子信用证的交单与审单问题[1],然而,从 eUCP 1.0 到 eUCP 1.1,作为电子审单的补充规则,eUCP 只是对原则性的问题作出了宏观上的概括规定,再加上其颁布时电子信用证的发展仍处于初级水平,规则制定的针对性不强,两个版本均没能对商事实践作出合理的归纳,对很多具体问题,如"单据的损坏""银行的物理地址"等都没有明确规定,种种原因使得 eUCP 的实际操作性不强,没能得到广泛的应用。可以说,通过对电子信用证的规则制定解决信用证信用危机的初步尝试并不成功。

(二)银行付款责任的兴起与 URBPO

2010 年以后,面对信用证结算市场的继续萎缩,很多学者提出了信用证结算已被边缘化的观点[2],如何在提供交易安全的基础上,摆脱单据审核的繁琐性和复杂性,提高银行担保结算的效率,成为国际结算领域讨论的重点。SWIFT 组织研发推出了一种新型的贸易金融工具——银行付款责任(Bank Payment Obligation,简称"BPO")。BPO 被定义为付款银行(买方银行)在 TSU(Trade Services Utility)等电子平台中,向收款银行(卖方银行)作出的独立、不可撤销的即时或延期付款责任承诺。ICC 于 2013 年通过了《BPO 统一规则》(*Uniform Rules for Bank Payment Obligations*,简称"URBPO"),为 BPO 业务提供了权威的规则依据。BPO 在本质上是对赊账业务与信用证业务的中间填充,它结合了信用证的安全性与赊销的快捷性,采用纯数据化的无纸操作。在 BPO 项下,付款银行依据前期约定,在数据匹配成功的基础

---

[1] ICC 工作小组在起草 eUCP 时曾经指出:"对 UCP 的增补规则只应该涉及电子交单和审单的问题,而不涉及任何有关电子化信用证的开证与通知的问题。因为目前的国际惯例与 UCP 在此前的很长一段时间内已经允许信用证开证以及通知的电子化。"

[2] 邵作仁、刘涛:《信用证结算地位弱化的成因及其策略——以农产品贸易为例》,《WTO 经济导刊》2014 年第 5 期,第 88 页。

上向收款银行付款。URBPO 针对 BPO 业务涉及的基本概念、主要参与方及其责任、适用法律、数据要求等事项进行了描述与规范。

BPO 的最大优势是适应了电子商务、人工智能时代以数据为载体的快捷商务实践的需要。纯数据化的操作和直接的人工智能匹配减轻了银行的工作量,也彻底避免了基础交易、单据等其他因素对银行付款责任独立性的影响,同时还提升了贸易结算的准确率。然而,从 2013 年 URBPO 的发布至今,BPO 在贸易金融结算领域的实际推行情况却相当有局限性。根据 2018 年的数据统计,全球只有 48 个国家和地区的 169 家金融机构参加了 BPO 业务办理的技术平台,而证实采用 BPO 开展业务的银行只有 58 家。[1]

URBPO 具体规则中的最大问题是主体的缺位。贸易结算方式本身的效率与功用是建立在市场客户需求的基础之上的。与 UCP 不同,URBPO 的规则完全以银行为中心,对买卖双方及其他实际的贸易参与方的权利、义务均无表述。换言之,URBPO 只规范了银行等金融机构之间的权责和利益关系,甚至连 BPO 项下的受益人都完全采用了卖方银行替代卖方的方式。再加上 URBPO 以尊重数据的客观性为原则,明确银行仅根据买方或卖方提供的数据进行录入,不对买方或卖方提供数据的来源、真实性、准确性负责,也不需要审查或传递相关贸易单据,这等于是变相表明:银行对可能的欺诈不负任何责任。然而,纯数据化的操作并不能杜绝虚假交易和恶意录入的情形。URBPO 规则框架的最大缺陷就是忽视了贸易结算真正的参与主体,首先应当是买卖双方。特别是卖方,作为贸易结算中的真正收款权利人,如果其权利在 URPBO 规则体系下不能得到明确保障,买卖双方与银行间的法律关系还需要通过另行法律文本加以约定,那 BPO 的成本效益自然无法平衡。当然,相较 URBPO 而言,UCP 已经是经过百年考验并在不断修正的规则体系,但至今仍有缺陷被人诟病。当前还缺乏经验引导的 URBPO 规则依然有望在实践中不断完善,贸易金融的数字化转型对商事规则变革的影响早已成为必然。不过就当前来看,以 BPO 替代信用证实现银行在贸易结算下的担保功用依然路途遥远。此次 eUCP 2.0 的修订出台,是国际商会以法制应对信用证危机的新一轮尝试。

(三)电子信用证的发展与 eUCP 2.0

2019 年 6 月 eUCP 2.0 的发布,正式开启了电子信用证的 2.0 时代。

---

〔1〕 邓紫楠:《BPO 在国际货物贸易中的应用研究》,《对外经贸实务》2019 年第 8 期,第 62 页。

eUCP 2.0在细节上弥补了部分此前eUCP 1.0、eUCP 1.1版本的不足。比如,在第e1条D款明确规定电子信用显示开证行(包括指定行、保兑行在内)实体地址的要求,解决了此前无法确认纸质交单时间、制裁政策等系列难题;再如,在第e3条增加了相关电子词汇的定义,还特别强调了作为审单要求的电子记录与基础交易无关,这相当于再次重申了传统信用证的独立性原则同样适用于电子信用证;还有,在第e6条扩展了银行的审单条款,明确指出,只要银行传递电子记录的行为表明其已确认电子记录的表面真实性,明确指定行发出相符电子记录后,即使开证行(保兑行)不能审核也必须付款;此外,还分别在第e13和第e14条增加了两类银行可以免责的情形,即对自身之外的数据处理系统无法运行的免责和对不可抗力的免责条款。

eUCP 2.0在具体内容上的微观调整,是对一定期间内电子信用证运行和发展过程中出现的具体问题的回应与修正;而其宏观上对中心思想的表达更真正实现了对传统信用证制度缺陷的弥补,明确了数字化商业时代转型下电子信用证法制的基本理念和规制方向,为信用证信用危机提出了可能的解决方案。

此次规则修订最为重要的贡献,就是通过多项条款的修订"动摇"了当前信用证信用危机的重要根源——"被干扰的银行信用"。在第e3条的B款[1],增加了"data corruption""data processing system""re-present"等条款的定义,明确了数字化时代下虚拟世界相关产品的概念,使得电子信用证下单据审核的标准更为清晰和透明;在第e5条和第e7条[2]要求,信用证必须明确格式要求,且银行必须依据约定之格式审核单据,除非提交人提交之单据不符合约定的格式,否则银行不得以格式为由拒绝付款,如果信用证未约

---

〔1〕 eUCP 2.0第e3条B款:在eUCP中使用的下列用语应具有以下含义: I."数据变损(data corruption)"意指因任何数据的失真或丢失而致使无法全部或部分读取已提交的电子记录。II."数据处理系统(data processing system)"意指全部或部分用于处理和操作数据、发起指令、或响应数据信息或性能的计算机化或电子化或任何其他自动化的方法。III."电子记录(electronic record)"意指以电子方式创建、生成、发送、传播、收到或储存的数据,包括(适当时)逻辑上相关或另外链接在一起以便成为电子记录一部分的所有信息,而无论这些信息是否同时生成,并且:其发送人的表面身份、其包含的数据的表面来源及其是否保持完整和未被更改,可以被证实;并且能够根据eUCP信用证条款审核其相符性。

〔2〕 eUCP 2.0第e5条:eUCP信用证必须注明每份电子记录的格式。如未注明,则电子记录可以任何格式提交。第e7条C款按指定行事的指定银行、保兑行(如有)或开证行无法审核eUCP信用证所要求格式的电子记录,或当未要求格式时,无法审核提交的电子记录,这一情形不构成拒付的依据。

定格式,由此产生的格式歧义不得成为银行的拒付理由,这实际上是明确了银行对格式约定的法定责任;此外,在国际商会对 eUCP 2.0 的官方解释中,电子交单规则的中立性被一再强调,基于这一原因,eUCP 2.0 并未对电子审单的具体平台、具体步骤和技术要求作详细规定,这其实是赋予了信用证的当事人自主选择电子商务平台进行电子审单的权利,但同时强调了相关银行对自身负责的数据处理系统有维护的责任。

整体而言,eUCP 2.0 结合大数据和人工智能影响下电子信用证的特殊性,对传统信用证项下银行主观因素可能干扰银行信用的情形作出了修正性预防。有电子商务平台参与的电子信用证业务,从实质上改变了传统信用证以"银行信用"为唯一核心的运行体系,形成了电子平台信用与银行信用相结合的系统保障模式。在电子信用证的运行模式中,审单的过程是由银行在电子平台的技术配合和规则限制下完成的。eUCP 2.0 正是借助大数据时代下信用证的智能转型,尝试建立与科技相结合的法律规则体系,排除可能干扰到"银行信用"的主客观因素,保障信用证体系的制度化运行。

另外,对于传统信用证核心的独立抽象原则,eUCP 2.0 给予了重点的强调与突出。电子审单的出现,要求银行在审核电子单据的同时通过外链审核逻辑相关的信息,这表面上相较于传统信用证,扩大了审单的范围,实际上是将审单的内容更具体化、细致化,同时为银行表面单据的审核提供了明确的依据,始终将审核内容限定在单据和数据的范围内。为了进一步明确电子信用证项下的独立抽象原则,eUCP 2.0 的第 e4 条还明确了排除在银行审单之外的其他责任。[1] 电子信用证作为传统信用证智能化发展的产物,依然遵循信用证的基本原则,银行的基本义务并不因电子媒介的介入而产生任何变化,单据审核的电子化只是进一步充实了银行的审单依据,从而提高其准确性。

此次 eUCP 2.0 并没有针对信用证日益丰富的融资功能,对信用证保险等新兴问题作出规定。然而,在官方解释中,专家委员会还是明确了暂时未作出针对性修订的原因:专家组认为,信用证保险业务实现电子化还需要一定时间的发展积累,当前的电子信用证规则的规制重点应当主要集中在信用证电子审单问题上。[2] 值得注意的是,尽管 eUCP 2.0 是 UCP 的规则补充,

---

〔1〕 eUCP 2.0 第 e4 条:"银行不处理电子记录或纸质单据可能涉及的货物、服务或履约行为。"

〔2〕 参见国际商会关于 eUCP 2.0 的官方解释。

但其并不仅限于对商业信用证的规制，国际商会的官方解释确认了eUCP 2.0同样适用于备用信用证，这充分体现了国际贸易金融领域对信用证、备用信用证乃至独立保函统一规制的趋势。

近年来，国际商会对信用证结算规则相对密集的意见征集和修订主要是基于两个现状：一是"数据孤岛"时代信用证信用危机所导致的信用证结算使用率锐减，二是大数据赋能电子科技时代下信用证发展的实际需要。从这两个角度看，我国国内信用证相关规则的修订都十分必要。我国作为信用证业务大国，短期内不可能像信用市场相对健全的欧美国家那样迅速寻找到信用证的替代物，因此，对信用危机的预防和应对刻不容缓。2016年"信用证新规"的出台将国内信用证的发展带入了2.0时代，为国内信用证的长远发展营造了良好的政策环境，有利于该业务的普及和对实体经济的推动。[1]但其内容上与科技金融时代下电子信用证发展的差距急需填补。2019年我国《中华人民共和国电子商务法》（简称《电子商务法》）的出台和《中华人民共和国电子签名法》（简称《电子签名法》）的修订均为我国电子信用证的法律规制提供了重要指引[2]，同时也体现了我国电子商务发展实践的整体性法制需求。笔者认为，作为信用证规则体系建构起步较晚的国家，制定专门的电子信用证法典篇章不具备现实可能性，2006年的《信用证司法解释》仅仅是我国最高人民法院的司法解释，不属于真正意义上的立法。而国内"信用证新规"更只是中国人民银行发布的行业规则。我国的信用证法本身就处于缺位状态。但从我国企业当前在国内外的信用证业务开展情况看，至少有以下几点问题，必须在法律的层面厘清：

第一，明确eUCP规则的适用。我国当前立法层面电子信用证规则的缺失极易造成电子信用证运行的混乱，eUCP 2.0可以很好地弥补我国当前电子信用证体系不健全可能引发的法律风险，因此应当在法律层面明确其适用。[3]

第二，形成与国际接轨的国内电子信用证规则体系。电子信用证取代传

---

〔1〕 史晓玲、阎之大：《理解国内信用证新规实质》，《中国外汇》2016年第12期，第27页。

〔2〕 刘风景：《法律互鉴是构建人类命运共同体之良方》，《法学论坛》2018年第4期，第30页。

〔3〕 《信用证司法解释》第2条："人民法院审理信用证纠纷案件时，当事人约定适用相关国际惯例或者其他规定的，从其约定；当事人没有约定的，适用国际商会《跟单信用证统一惯例》或者其他相关国际惯例。"这一规定表达了我国电子信用证纠纷适用eUCP规则的可能性。

统纸质信用证已成为必然趋势,人工智能、大数据对国际结算业务产生重要影响,我国的国际结算和贸易融资业务也将加速电子化进程,国内信用证业务在电子化方向上与国际信用证必然走向趋同,统一的电子信用证规则体系有利于我国企业、银行提前适应国际电子信用证规则,也有利于我国贸易金融领域信用证信用危机的克服。

第三,综合信用证与保函实务,明确贸易金融领域国际惯例与法律融合的法制方向。长期以来,国际商会发布的商事规则对我国信用证、保函领域法律规则的制定都有重要的引导作用。此次 eUCP 2.0 的出台,再次领先于我国电子信用证法制发展,其明确信用证规则同适用于保函领域的立法思维表明了全球贸易金融发展下,商事工具重实质轻形式的趋同发展,或可引领我国贸易金融领域统一立法思维的发展。

第三节 科技金融法律规制的范式转移

"社会的法律运行、资源配置的进化过程就是以交易成本最低为原则,不断地重新配置权利、调整权利结构和变革实施程序的过程。"[1]大数据时代下电子化、科技化的创新当然不仅限于信用证,而且涉及整个贸易金融领域。在传统商事经济基础上产生的金融业,近年来随着互联网科技的创新,不断发展。在大数据背景下,人工智能与"数据信息"相结合,作用于金融业,传统的金融行业结构发生了质的改变,"FinTech"(金融科技)时代已然到来。"FinTech"一词是 Financial Technology 的缩写,象征着金融和科学技术的融合,根据金融稳定理事会(Financial Stability Board,简称 FSB)的定义[2],"金融科技"主要是指由大数据、区块链、云计算、人工智能等新兴前沿技术带动,对金融市场以及金融服务业务供给产生重大影响的新兴业务模式、新技术应用、新产品服务等。FinTech 实际上就是通过科技手段,革新传统金融行业的项下产品和服务。智能科技的应用,大大提升了金融行业的效率,有效地降低了运营成本。然而在 FinTech 赋能下,金融业务的"链式"互通又泛化了行业风险,影响了科技金融的健康发展,科技金融法律规制的范

---

[1] 理查德·波斯纳著,蒋兆康译:《法律的经济分析》,法律出版社,2012 年,第 18 页。
[2] Financial Stability Board. *Financial Stability Implications from FinTech. Supervisory and Regulatory Issues that Merit Authorities' Attention*. [2019-09-02]. http://www.Fsb. org /wp-content / uploads/R270617.pdf.

式转移在所难免。

那么，FinTech的发展究竟是如何赋能于金融行业体系的？传统金融业究竟发生了怎样的改变？科技金融体系发展又因何产生了怎样的法制需求？金融法律规制的范式转移应遵循怎样的理念？对这些问题的探讨于我国法治化金融体系的建构意义重大。本书从对传统金融体系发展的"痛点"分析入手，以受金融科技赋能较为明显的贸易金融领域为例，分析科技金融法律规制范式转移的原因，以科技金融的核心制度利益研究为原点，通过"利益衡量"发现科技金融法制的基本需求，继而探索科技金融法律规制范式转移的应然向度。

在具体研究金融科技如何改变传统金融世界的问题之前，首先应当解释一下另一个重要的概念——科技金融。"科技金融"英译为"TechFin"，是Technology Finance的缩写。基于这一概念与"FinTech"在文字构成上的相似性，极有可能被误解为是语言学上的文字游戏。笔者在本书中以"FinTech"替代"金融科技"的中文表达，便于与"科技金融"的概念相区别。实际上，早在2011年科技部会同各部委编制的国家"十二五"科学和技术发展规划中，科技金融就被赋予明确的概念，即"银行业、证券业、保险业金融机构及创业投资等各类资本，创新金融产品，改进服务模式，搭建服务平台，实现科技创新链条与金融资本链条的有机结合，为初创期到成熟期各发展阶段的科技企业提供融资支持和金融服务的一系列政策和制度的系统安排"。这一定义从业务类型和业务流程的角度确认了科技金融立足于金融业、服务于实体经济的基本性质。与"FinTech"不同，科技金融实质上就是金融的一个下位概念。科技创新技术的应用造就了科技金融独特的气质。本书中，笔者对金融法律规制的讨论，其实就是尝试从法制的角度，对科技创新下金融业的发展需求作出回应。事实上，在科技发展全面席卷金融行业的今天，对科技金融的研究就等同于对金融体系制度变革的探索。

一、金融法制范式转移的原由：以区块链赋能"贸易金融"为例

所谓金融法制的"范式转移"，其实就是指"FinTech"的出现，打破了原有的金融行业的发展轨迹，从而迫使科技金融对其领域下法律规制基本理论作出的根本性修正。金融在本质上是在不确定的情形下，跨越时间和空间的距离，对资本进行的优化配置。在传统金融体系下，投资者和融资者通常是通过第三方建立信任机制的。一般情况下，在直接融资中，交易主体会委托具

有专业资质的第三方机构,如专业会计师或分析师团队,提供尽职调查、财务分析、风险汇集等专业服务,通过专业的分析结果,实现风险定价和交易;而在间接投资中,交易主体则会通过付费的形式向银行等金融机构,购买风险管理的系统性服务,由金融机构识别和分担金融风险,银行有时还会在风险管理的基础上提供担保服务。无论是直接融资还是间接融资,金融交易下的融资人和投资人都是通过第三方机构的管理或者担保服务建立交易互信的。作为交易项下的中立者,专业机构提供的信息和信用是金融业务运行的核心保障。换言之,第三方机构的专业资质和良好信誉是传统金融交易下"核心信用"的体现。这就是"FinTech"变革发生之前的金融世界。"FinTech"引起的金融体系变化,正是借助互联网与科学技术的发展,打破了传统的"核心信用"模式。

金融体系的健康发展必须建立在实体经济稳步前行的基础之上,金融业务应当充分依托实体经济,并将为实体经济服务作为工作的出发点和落脚点,否则可能成为国民经济发展的陷阱和障碍。[1] 在"FinTech"兴起之前,金融体系下的投资者长期依靠核心金融机构的专业技能和信誉保证,在时间和空间的交错中,实现优质资本配置,中心金融机构的"核心信用"是金融体系得以运行和发展的核心要素,为金融业务的开展提供了基本保障。然而,这也成为金融体系发展的"痛点"之源。作为金融体系下重要组成部分的贸易金融业务,依托买方和卖方的交易,借助对交易过程中物流、资金流以及信息流的掌握与控制,为买方或卖方在交易的不同阶段提供结算、融资、担保、增信以及外汇避险等服务,成为金融业与实体经济行业互动的通道和桥梁。近年来,以区块链为首的"FinTech"引发的贸易金融行业变革,充分诠释了金融法律规制范式转移的内在动力。

(一)"中心化"贸易金融的发展困境

区别于一般的流动资金融资业务,贸易金融本质上是以企业的债权、债务作为风险管理的载体的,通过企业的动产资源进行的融资创新。在贸易金融体系中,金融资源可以更全面地被配置到经济社会发展的重点领域和薄弱环节,以满足实体经济多样化的金融需求。[2] 传统的贸易金融普遍以"中心化"担保机构的担保责任为基础,银行信用、核心企业信用是贸易金融体系运

---

[1] 如果资金在金融体系内部空转就可能形成金融体系"脱实向虚"的自我循环。2008年以来,在以美国为代表的发达国家,爆发的次贷危机就是最为深刻的发展教训。

[2] 李新彬:《重新定义贸易融资:反思与革新》,《银行家》2019年第8期,第54页。

行的根本保障。贸易金融产品,无论是信用证、保函还是保理抑或福费廷业务,都普遍具有自偿性特征,"中心化"担保机构的担保责任是贸易金融体系运行的基础。然而,单纯依赖于中心机构核心信用的融资体系,时常缺乏互信机制,一旦中心机构信誉缺失,融资链条就可能呈现断崖式崩裂。基于"物"化信用的融资业务又存在监管困难,企业间内部业务信息的相对隔离更增加了洞察基础交易真实性的难度。只要出现虚假交易,金融机构就可能面临巨大损失。以信用证交易为例,"银行独立性付款责任"是有效解决国际进出口贸易中交货和付款顺位矛盾的基础,"单证相符、单单相符"的付款依据免去了买家对于货物运送不达的顾虑。但单据之所以成为信用证交易的核心,根本还在于源于真实的基础交易,无交易价值的单据不能给信用证项下的任何当事方提供有效的担保利益,基础合同与银行信用证业务的分离又使得银行很难正确辨识信用证欺诈。[1]

20世纪90年代以来,伴随信用证危机出现的信用证高拒付率,严重损害了银行信用的声誉。[2]信用证频现信用危机,拒付率持续高升,世界各个国家、地区由于信用证风险导致的交单失败平均比例近50%,其中北美洲39.60%,亚洲和大洋洲53.20%,欧洲57.90%,南美45.70%。[3]作为贸易金融领域中历史最为悠久的结算工具之一,信用证曾经是国际贸易结算市场的第一大支付工具,市场占比超过80%。然而,随着信用证项下的"银行信用"的安全与稳定性频遭质疑,在世界范围内信用证使用率也明显下降。近年来,面对信用证的信用危机,欧美发达国家商人开始尝试采用赊账等相对成本较低的结算方式替代信用证结算。贸易金融结算领域以"银行信用"为基础的"中心化"优势几近被摧毁。类似的困境也出现在贸易金融的其他领域。2017年,在贸易融资交易中,亚太地区遭拒率最高,达到21%,其次是中东18%,非洲等地为17%,西欧及拉丁美洲11%,北美7%。小微企业为遭拒率的重灾区,比例达到39%。[4]"信息盲点"和"核心信用障碍"成为传统"中心化"贸易金融体系的发展痛点,也形成了多年来国际贸易金融领域的发

---

[1] 针对信用证运行中出现欺诈问题,英美法学界率先引入信用证欺诈例外规则。
[2] 刘洪彬、王柳,《信用证结算存在的风险及防范措施》,《经营与管理》2018年第2期,第105页。
[3] 数据来源于国际商会(ICC)公布的《2018年全球贸易金融调查报告》(2018 GLOBAL TRADE-SECURING FUTURE GROWTH: ICC GLOBAL SURVEY ON TRADE FINANCE)。
[4] 数据来源于《2018年全球贸易金融调查报告》。

展困局。

与发达国家相比,经济发展相对欠发达地区的商事主体仍然依赖信用证来维护交易安全。根据国际商会《2018年全球贸易金融调查报告》,2017年亚太地区信用证的使用量在世界范围内占比77.2%,而欧洲和北美相加占比不足20%。2017年全球开立的约4 200万张信用证中涉及中国的有130万张,从信用证的业务量来看,我国当前的发展现状依然对信用证业务存在较大的依赖。尽管作为贸易后发性国家,相较于传统发达国家,我国国内贸易金融的起步和发展较晚。但近年来,商业领域的保函、信用证、保理等业务迅速增长。特别是在"一带一路"倡议下,我国企业出于"走出去"的发展需要,更倾向于选择安全保障系数较高的贸易金融项下金融工具进行融资担保和贸易结算。[1]前瞻产业研究院数据显示,2017年中国供应链金融[2]市场规模为13万亿元人民币,预计2020年可能增长至15万亿元人民币。"个体追逐利益最大化,就能实现社会利益最大化。"[3]然而,一旦交易主体存在信息不对称的问题,贸易背景的真实性、融资结构中企业资产的透明性等问题就很难在金融体系中得到证实,理性的个体此时则很难建立起信任关系,这正是贸易金融领域危机问题的真实写照。贸易金融体系中的"信息盲点"极有可能引发重大违法犯罪问题:在供应链金融结构下,企业间的关联程度增加,如果参与机构不能清晰掌握相关数据信息,则更容易陷入欺诈泥潭,容易引发系统性风险。面对国际贸易金融领域的发展困局,"FinTech"适时赋能,区块链技术应用于传统贸易金融,在贸易金融项下发展科技金融,从源头上解决了贸易金融中的信息流通和信息安全问题。

(二)区块链技术治愈贸易金融发展"痛点"

区块链本质上是一种分布式的数据存储技术,它通过多种技术的组合[4],在信息不对称的情况下,应用基于互联网大数据的加密算法,创设了

---

[1] 陆璐:《保函欺诈例外:一例国际商事规则的中国式创新诠释》,《河南师范大学学报(哲学社会科学版)》2018年第1期,第73页。

[2] 供应链金融是贸易金融重要的发展形式,在供应链金融中,交易流、物流、信息流、资金流(简称"四流")间的数据流通形成了极具透明性和流畅性的"信息信用"。

[3] 亚当·斯密著,胡长明译:《国富论》,重庆出版社,2015年,第290页。

[4] 区块链包含多项核心技术,如P2P网络链接、透明和分布式账本、分类账本的同步复制和分布式核实打码等。

以节点为单位的信任机制,无需第三方机构提供担保。[1]区块链技术下的数据具有不可篡改、公开透明、可追溯等特性。2008年,中本聪提出用基于"分布式账本"的区块链来解决互联网上的信任问题。[2]此观点一经提出,多国政府就出台政策推动区块链技术发展,英国、美国、澳大利亚、瑞士、新加坡等国都尝试应用区块链在身份认证、政府管理、税收、数字货币、支付、土地交易、金融监管等多领域——推进政府管理创新。[3]我国国务院2016年年底印发的《"十三五"国家信息化规划》[4]中也明确将区块链技术作为我国战略性前沿技术。

著名的全球管理咨询公司麦卡锡认为,区块链是继蒸汽机、电力、信息和互联网科技之后,目前最具有触发第五轮颠覆性科技革命潜能的核心技术。在商事交易中,运用区块链技术,商事主体可以共享关键性的信息数据。具体到贸易金融领域,区块链的全面应用可以极具针对性地"治愈"贸易金融发展"痛点"。一方面,区块链中数据信息采用的分布式网络储存对建立不依赖第三方机构的"去中心化"信任体系意义重大。其"分布式""网络化"特征彻底改变了以核心机构为中心的信用担保体系,取而代之的是扁平化的网状"多中心信息保障",传统贸易金融体系过于依赖银行信用、核心企业信用的情形不复存在,核心信用障碍问题被有效规避;另一方面,区块链项下数据的公开透明性也有效地解决了信息缺失、信息虚假、信息链断裂等可能引发的"信息盲点"问题,有助于贸易金融项下主体洞察虚假交易、单据伪造等贸易真实性问题;此外,区域链下数据的不可篡改性也减少了欺诈的可能性,从根本上缓解了贸易金融体系下的风控压力。

区块链技术赋能于贸易金融领域的应用,为科技金融的创新发展提供了契机,同时更为贸易金融的发展困局提供了一种稳定、互信、高效的解决方案,贸易金融从根本上实现了"去中心化"的变革,贸易金融项下的核心信用体系被彻底颠覆,银行信用在贸易金融中的核心地位也被"多中心信息保障"所取代。

---

〔1〕 唐塔普斯科特、亚力克斯·塔普斯科特著,凯尔、孙铭、周沁园译:《区块链革命:比特币底层技术如何改变货币、商业和世界》,中信出版社,2016年,第12页。

〔2〕 Nakamoto Satoshi. *Bitcoin: a Peer-to-Peer Electronic Cash System*. [2019-10-02]. https://bitcoin.org/bitcoin.pdf.

〔3〕 赵金旭,孟天广:《技术赋能:区块链如何重塑治理结构与模式》,《当代世界与社会主义》2019年第3期,第188页。

〔4〕 国发〔2016〕73号。

(三)"去中心化"贸易金融体系下制度内核转变

贸易金融作为非资金密集型的业务,本身就对人工操作有很强的依赖性。银行和客户签订合同,有相当繁琐的审核流程;在审核后的付款过程中,贸易融资又涉及反洗钱、反欺诈等制裁合规问题的筛查和对比;融资发放后,银行还需要客户的征信及其他相关的大量数据进行有效分析。在流程更为繁琐、交易主体更为多元的供应链金融业务中,基于复杂交易程序而产生的贸易真实性风险则更高。近年来,人工智能的发展在相当程度上简化了贸易金融业务的人工处理程序,开证机器人、审单机器人甚至反洗钱机器人等工具的出现更开启了贸易金融的"AI"时代。[1]

区块链技术在贸易金融领域的应用,彻底改变了传统模式下银行信用的核心地位,贸易金融项下当事人间的法律关系也随之发生变化。尽管基于不同融资工具的功用差异和区块链下"多中心"的主体结构,要从宏观角度具体明确贸易金融的项下主体存在一定困难,但"去中心化"贸易金融中基于数据信息的金融担保信任机制,还是奠定了数据信息在制度体系中的核心地位。区块链技术作用于贸易金融领域本身就是"去中心化"的过程。在这个过程中,其制度内核已然发生变化。

一般理论认为,商事交易的发生源于商事主体间的合意,这也是我们通常所说的合同成立。任意商事合同中的任意一方主体都是基于对对方的信任而订立双方的法律关系的。"从哲学的角度考量,信任的本质是社会成员在面对社会不确定性和复杂性增加时体现出的对自己依赖对象所维持的时空性特征",[2]在传统的贸易金融体系下,交易主体间的信任主要来源于银行信用,以银行为代表的信息中枢正是通过长期充当信用共识,逐渐成为现代金融交易乃至整个市场活动的中心的。因此在"中心化"的贸易金融制度下,无论是国际性规则,如《见索即付保函统一规则(URDG758)》《国际备用信用证惯例(ISP98)》《跟单信用证统一惯例(UCP600)》《联合国独立保函和备用信用证公约》等,还是域内法规,如 2005 年《最高人民法院关于审理信用证纠纷案件若干问题的规定》、2016 年新《国内信用证结算办法》以及《最高人民法院关于审理独立保函纠纷案件若干问题的规定》等;不管是成文法还是案例法,均以银行信用作为其制度下的核心规则。区块链技术改变了贸易

---

[1] 薛键:《贸易金融的"AI"时代》,《中国外汇》2019 年第 12 期,第 35 页。
[2] 洪名勇、钱龙:《多学科视角下的信任及信任机制研究》,《江西社会科学》2013 年第 1 期,第 191 页。

金融项下主体信任建立的基础，交易主体本身不存在既有的社会关联和互动，彼此间数据信息的交换与互通成为其信任机制建立的主要依据，协商谈判从本质上也是借助信息的沟通建立互信的过程。在"去中心化"的贸易金融体系下，"数据信息"体系的稳定与安全成为新的制度内核，"信息信用"替代"银行信用"成为贸易金融法制存在与发展的保障。

在高速发展的科技时代，"大数据和人工智能对社会发展的冲击远超过工业革命时期的百倍甚至千倍"[1]。区块链技术本身对法学界的冲击，也远不止于某一领域的法律规制问题。区块链赋能于贸易金融体系所带来的变革是金融科技发展对金融产生颠覆性影响的缩影。贸易金融体系下制度内核的变化也悄然发生在金融体系的其他领域。一方面，以互联网为依托的业务开展模式，为金融产品、金融服务的营销提供了便利；另一方面，人工智能作用下创新科技的发展也使得传统金融体系中单一的"物化"核心信用机制产生质的改变。随着传统的核心信用机制的打破，基于数据信息的透明与互通产生的"信息信用"替代"核心机构信用"，为实现金融风险的数据化管控提供了基础保障。金融法律规制的制度内核从"核心信用"转变为"信息信用"，这一变化必然产生全新的体系法制需求，金融法律规制的范式转移也成为必然。科技金融法律规制要做到服务于金融创新产业的发展，首先应当认清当前科技金融发展的主要障碍，即阻碍科技金融核心利益实现的主要因素，再针对危机实现法律规制的范式转移。

二、"数据信息"引发的科技金融发展障碍

以贸易金融为代表的科技金融的发展，脱离了原先的制度内核，"FinTech"借助互联网与科学技术的发展，打破了传统的核心信用模式，"信息盲点"和"核心信用障碍"问题得以有效规避，传统金融体系中单一的"物化"核心信用也失去曾经的风采。然而，大数据、人工智能与互联网技术的结合，只是丰富了商业个体参与金融交易的方式和方法，扩大了金融交易的主体范围和开展渠道，但并没有改变金融交易的本质。金融交易的实质依然是商事主体跨时空、跨地域的价值交换和资本互易。"FinTech"的技术潜能和应用价值从根本上依赖的依然是信息的交换和风险的识别与定价，只是这项职能不

---

[1] Dobbs Richard, Manyika James, Woetzel Jonathan. *No Ordinary Disruption: The Four Global Forces Breaking All the Trends*. New York: Public Affairs, 2015: 29.

再必须依靠第三方机构来完成了。智能科技带来了更强大和稳定的学习与分析能力,但一切的超"物化"能力的实现都必须依靠基础"数据信息"这一"物质"的存在。在互联网科技下,单一个体实现了以数据信息流通为媒介的互通,物联网技术下万物互联的社会形态有效促进了原本碎片化的数据信息形成有序"链接",海量的数据自然形成数据市场,人工智能的学习和计算功能又进一步提升了"数据信息"的经济价值。经过采集、筛选、整理、分类的"数据信息"成为重要的可利用资源,用以协助人类对各类问题作出决策。在人工智能驱动下,"数据信息"还可能直接被机器深入学习,根据不同的情境对不同的问题作出准确判断。与人工智能相结合的"数据信息"是社会"精神利益"与"财产利益"的来源,但同时也可能成为金融风险泛化的源头。

(一)信息信用的缺失

"数据信息"作为"物质"存在本身,并不是创新科技发展的结果。一直以来,人类的社会交往都是依靠各类信息标识的识别实现的。人与人的交往、各类社会关系的建立本质上都是个体的信息表达、信息传递和信息解读的结果。个人需要通过对信息的识别来认识他人、了解社会再形成判断和选择。不可否认,即使是最原始的"数据信息",本身也是存在价值的。然而创新科技的发展,通过人工智能对数据的收集、加工和使用赋予了"数据信息"超物化的精神价值和经济价值。当大数据被广泛应用于商业社会之中,"数据信息"又成为企业获取经济财富的源泉,这就是我们通常所说的"大数据红利"。"大数据红利"本质上就是"数据信息"与人工智能相结合后,赋予人类分析特定对象、特定现象的能力。这一能力通常可以产生直接或间接的经济价值,乃至社会价值。当然,大数据所带来的"红利"并不局限于商事领域,科学发展、行政管理、社会治理、人类进步无一例外地都是创新科技发展下的受益者。但是没有哪个领域像商业领域那样直接地体会到数据作为经济资源的价值。在商业利益的驱使下,"数据信息"已然成为企业的竞争力和财富力的来源。

在科技金融体系下,无论是投资主体还是数据平台,对"数据信息"都有很强的依赖性。前文中涉及区块链技术赋能的贸易金融领域,也是以"数据信息"为媒介完成"去中心化"体系变革的。科技金融的制度核心就是基于"数字信息"共享与互通的信息信用。然而当前在我国,数据权属问题依旧不明确,尽管《民法总则》第127条明确了数据的财产属性,但并未就其权属问题作出规定,况且相较于"数据","数据信息"的概念内涵本身就更为复杂。

除了包含原始数据,"数据信息"的概念更强调了人工智能作用于原始数据后产生的有效信息,经过智能处理和分析之后的"数据信息"被附着了更为丰富的经济利益。从根本上讲,"FinTech"对金融体系的赋能的最大功用就是以客观、可靠的信息信用替代了主观、善变的科技核心机构信用。如果说信息信用是科技金融发展的根基,那么,"数据信息"则是信息信用的种子。如果"数据信息"真实性和合法性失去基本法律依据,那么信息信用则无任何信用可言。失去了信息信用这一制度内核的科技金融不仅不能促进商业创新和社会经济发展,还可能引发隐私侵犯、经济欺诈、危害网络安全等系列违法犯罪问题,科技金融也将必然成为无根的浮萍,难逃凋零的命运。

(二)金融风险的泛化

"数据信息"结合人工智能技术在金融领域的应用,为金融业务的开展提供了便利,金融产品的销售再也不用受到时间与地点的限制,线上金融形式成为最为高效且低成本的金融服务模式之一。然而,金融不断渗透至社会经济各个角落的同时,金融风险也随之泛化。

一方面,蕴含着科技活力的"数据信息"大大降低了金融从业人员的门槛:大量非金融机构和个人,依托互联网平台,开展金融服务业务,通过创新技术向客户提供低成本的产品;在完全不具备专业知识的情况下,也可以通过智能软件直接向消费者推荐金融产品,P2P等线上融资模式也引发了大量的融资纠纷和经济犯罪,用户在不知不觉中陷入巨大的投资风险之中;以网络科技为基础的业务操作模式对信息技术和互联网科技依赖极大,一旦出现技术错误或者网络安全问题,风险损失就可能呈现网络化的扩散,波及范围难以预计也极难控制,金融机构基于技术需求,与科技公司等第三方机构的合作又加大了非金融专业问题危及系统性风险的可能性;此外,原生系统风险一旦波及第三方机构,还可能进一步引发第三方机构的其他合作方卷入系统混乱,遭受损失。近期爆出的美股上市公司诺亚财富"踩雷"承兴国际事件,据悉涉案基金达 34 亿人民币。

另一方面,随着"FinTech"创新在金融领域的普遍使用,充满科技活力的供应链金融应运而生并迅速发展,供应链金融的最大特点就是其实现了内部涉及贸易交易的链式互通。在供应链金融中,融资风控由核心企业向产业供应链动态整体发展转移,这使得原先资金体量较小的中小企业可以更好地获得融资,改变了早期实践中,参与融资性贸易的主体多为大型企业的行业形态,为小微企业融资带来了更多契机,真正实现了普惠金融的发展目标。然而,供应链金融下的"链式"互通机制,又增加了风险损失波及群体的密度和金额的数量。近年来,资金空转型融资贸易引发的供应链金融欺诈案件屡见不鲜。2012年发生了青岛德正资源控股有限公司、陈基鸿等诈骗案[1],被告人陈基鸿于2004年9月注册成立德正资源控股有限公司,并以该公司为基础,先后实际控制经营60余家境内外公司,在2012年11月至2014年5月间,陈指使、授意他人通过私刻公章、伪造单据等手段,欺骗国际上具有较高信誉的仓储监管公司为其出具监管仓单,并通过贿赂等手段获取内容虚假的证明文件,以"德正系公司"名义与大量国内外公司签订销售、回购合同,骗取多家公司资金共计123亿余元,还通过重复质押或伪造货权凭证质押于银行等方式,骗取13家银行贷款、信用证、承兑汇票,共计36亿余元。涉案金额之大、涉及人员之多均令人瞠目,社会影响极其恶劣。"FinTech"在惠及大众的同时也成为金融风险的孵化器和催化剂,给个人和社会都造成了巨大的财产损失。

三、科技金融法律规制的需求扩展

"法为人所用,非人为法而生",从根本上讲,法律需要普遍地增进国民的福利,包括物质利益和精神追求。[2] 利益法学认为,只有通过调整不同层次的利益才能实现利益均衡,达成立法目的,利益均衡是实现整个社会的最大福利。[3] 如果说立法的核心问题是如何准确有效地对各种利益进行协调,降低利益冲突,促成社会利益最大化的话,那么法律的修订与完善则是对制度体系内各种类型利益取舍的过程。"法律是社会中各种利益冲突的表现,是人们对各种冲突的利益进行评价后制定出来的,实际上是利益的安排和平衡"[4],被安排和平衡的利益其实也就是制度体系下法制需求的体现。

(一)科技金融下的"数据信息"利益

利益的多样性,要求立法者在法律制度的制定过程中必须全面了解实时的利益格局,根据对不同利益的权重分析,识别有价值的、有针对性的利益类

---

[1] 案件详情参见《人民法院报》青岛2018年12月10日公开的报道。
[2] Portalis. *Discours Preliminaire Au ler Projel de Code Civil*. Paris: Edition Confluences, 2012: 27.
[3] 何鹏:《知识产权立法的法理解释——从功利主义到实用主义》,《法制与社会发展》2019年第4期,第22页。
[4] 梁上上:《利益衡量的界碑》,《政法论坛:中国政法大学学报》2006年第5期,第70页。

型,而利益格局的变化则进一步要求立法者根据社会的变化发展全方位了解利益的变化,并发现和揭示社会新生的利益类型。[1] 大数据和人工智能的发展从技术层面改变了金融业赖以生存和发展的基础,其项下的利益结构也应然发生改变。

大数据、人工智能在冲击社会发展方式和方向的同时也刺激了新的利益类型、权利类别的产生,比如,由网络时代到信息时代催生且自觉产生的个人信息权。对于个人信息权的权利属性,法学界尚未明确定论。王利明教授认为,个人信息权不属于一般人格权,而是一种新型的具体人格权,是"一项新型的民事权利";刘艳红教授在此基础上提出,作为一种综合性的新兴权利,个人信息权既"含有精神权利的部分内容,又兼有财产利益的内容,还包含有公民自由权利的部分等,它是一种综合性权利"。[2] 个人信息权、精神、财产利益的双重连接,正是大数据科技和人工智能发展下"数据信息"特有经济价值与主体权利结合后的普遍利益重合。

作为科技创新下新生利益的重要来源,被物化的"数据信息"上所附着的精神和财产利益,正是大数据法制下最重要的调整对象。具体于科技金融领域,"数据信息"无论对于融资者还是投资者,都是行业判断和信用评估的重要依据,更是第三方平台提供线上金融服务的基础,从根本上讲,科技创新赋予金融的利益就是通过"数据信息"完成的。无论是作为大数据分析运行基础的原始数据,还是为金融决策提供依据的智能信息,都是科技金融主体创新核心竞争力的来源。对附着于"数据信息"的商业利益在各主体间的衡量与协调,正是科技金融法律规制中心需求的重要体现。

(二)"金融科技"发展的创新需求

当前,科技发展几乎席卷了金融行业的每个角落,金融科技以数据和技术为核心驱动力,依靠云计算、区块链等一系列技术创新,彻底改变了传统金融的发展模式。在交易结算、借贷融资、理财管理等各个领域,金融与科技的融合创新降低了交易成本,也优化了交易结构,但同时也带来全新的法制需求。

一方面,当前科技的创新发展了多样化的金融交易内容和形式,新型法律纠纷的类型也不断出现。网络平台的构建、技术的赋能实现下的新生法律

---

[1] 梁梁:《论利益结构变迁下的中国立法》,博士学位论文,中共中央党校,2018年,第35页。

[2] 刘艳红:《侵犯公民个人信息罪法益:个人法益及新型权利之确证》,《中国刑事法杂志》2019年第5期,第16页。

关系,都需要明确的法律规则予以保证和限制。另一方面,随着金融科技的不断发展,金融创新还远未形成稳定的结构和状态,金融风险在系统内外间的传递也变得频繁和无序。早期网络科技世界涉及"数据信息"的讨论多以数据的安全保障为主,然而,伴随着数据科技应用领域的不断扩大,数据风险产生的动因也随着数据本身所附着利益的多元化而变得更为复杂。以个人信息为例,在明确个人信息保护制度的同时,如果彻底否认个人信息的合理收集和合法流通,则可能不仅不能保障个人的合法利益,还会引发人身安全、社会稳定等系列风险。在科技金融领域,由于贸易行为等基础交易与金融服务在时空上的天然距离,关系主体对数据信息的依赖性相较其他活动则更为强烈。

"迄今为止的整个法律概念体系都起源于农业社会,无论是乌尔比安时代的罗马还是亨利二世时代的英国。"[1]行为主义导向所导致的矫正正义法律观仍是现代私法体系的基础,因此相较于损害结果,法律必然存在滞后性,只有当损害了法定权益的过错行为出现,才会产生具有救济性的法律规则。虽然在某些领域,法律规则出现了一些辩护权,如严格责任原则补充了侵权法中的过错责任,工伤事故保险制度补充了传统侵权责任在工伤事故损害救济方面的缺陷和不足,但法律整体的滞后性没有发生改变。[2]这与科技迅猛发展下的法制需求存在相当的矛盾。金融规则通常又是危机型立法和监管的产物。在危机型立法和监管下,只有在金融危机发生以后,立法机构和监管机构才会出台加强监管的金融规则,随后又逐渐出台放松监管的金融规则。金融法天然的滞后性给金融法制带来巨大障碍,立法的严谨性又天然倾向于质疑预防性立法的法理依据。面对金融风险的发生,金融规则大多只能在危机发生之后作出反应,立法的速度永远无法跟上金融科技的发展步伐。大多数情况下,"当我们还在讨论是否要监管比特币时,与比特币采用相同技术的 DLT 已经运用于支付和结算了"。[3]金融创新作为当前金融行业最鲜亮的底色,也成为金融法律规制发展的根本需求所向。

---

[1] 郑戈:《在鼓励创新与保护人权之间——法律如何回应大数据技术革新的挑战》,《探索与争鸣》2016 年第 7 期,第 80 页。

[2] 约翰·法比安·维特著,田雷译:《事故共和国:残疾的工人、贫穷的寡妇与美国法的重构》,上海三联书店,2013 年,第 66 页。

[3] 周仲飞、李敬伟:《金融科技背景下金融监管范式的转变》,《法学研究》2018 年第 5 期,第 7 页。

四、"数据信息"驱动下科技金融法律规制的范式转移

蕴含着经济价值的"数据信息",在改变人们认知方式和生活方式的同时,也对当下的法律思维模式产生巨大冲击。面对技术的快速发展,立法者、司法者应如何适用和调整法律?不管是在英美法国家,还是在大陆法国家;无论在民商法学界还是刑法、行政法学界,这都是一个重要议题。早在二十年前,苏力教授就曾质疑:"法学界、法律界作为一个职业集团,是否会因为自己知识的优势和缺陷(相对擅长道德哲学、政治哲学的术语而缺乏对科技知识甚至科技常识的了解和关心),是否会有意无意地为了维护职业利益,抬高我们所熟悉的那些道德化的概念或将我们所熟悉的国内外某些法律制度和原则永恒化,而以一种鸵鸟政策对待科学和技术,对待大量的经验性实证研究。"[1]

(一)以市场化的法制理念,明确科技金融的核心制度利益

法律制度是理性构建的产物,也是利益平衡的产物。某一法律制度本身所追求的或者所凝固的制度利益是其核心价值,深刻地影响着该制度的生存与发展。[2]这一核心价值也使得不同的法律制度呈现差异化的性格。核心利益相区别的制度领域的法律规制需求也当然呈现类别化特征。对新型权利、新生利益的考量应当明确其所处的法律领域。从深层次说,不同的规则背后隐藏着不同的价值,正是这些不同的规则和不同的价值形成了不同性质的法律制度。可以说,法律制度是事实、逻辑与价值的结合体。[3]即便相同的事实,也会因为制度内在核心价值的差异形成截然不同的法理逻辑。科技金融本身是金融与科技相结合的结果,在本质上,科技金融和传统市场交易一样,也具有契约的性质,总体上金融产品的销售、金融服务的提供都是交易主体以合同的形式加以确定的。因此,金融法律规制下的核心利益应当是与整个商事法律关系体系保持一致的。

"商法经常成为法律发展的开路者。"[4]与民法有着不同历史起源的商法,其最重要本原之一就是地中海沿岸的商人间的交易习惯。商人间的行会

---

[1] 苏力:《法律与科技问题的法理学重构》,《中国社会科学》1999年第5期,第55页。
[2] "制度利益"直接联结当事人利益与社会公共利益,它的衡量是利益衡量的核心所在。"制度利益"类似于社会公共利益,是指一项法律制度所固有的根本性利益。参见梁上上:《制度利益衡量的逻辑》,《中国法学》2012年第4期,第82页。
[3] 北川善太郎著,李毅多、仇京春译:《日本民法体系》,科学出版社,1995年,第2-3页。
[4] 伊夫·居荣著,罗结珍、赵海峰译:《法国商法·第1卷》,法律出版社,2004年,第1页。

组织至今都在商事交往中起到重要作用,即便在具有重农抑商历史传统的我国,各地区商人也都会自发形成区域性的商会组织。而在国际范围内看,国际商会更是一如既往地在国际商法领域发挥着重要的作用。商事活动固有的逐利属性决定了商法在价值理念上具有鲜明的功利主义特征。尽管国家公权力对商事活动的干预在一定程度上限制了商事活动的自由属性,"但商法内在的基因却是奔放的,商人逐利的冲动甚至可以抵过上绞架的威胁"。[1] 以商业效率为制度价值的商法规范始终是以保障营利为首要目的的。商法的这一特征在商事领域的非传统行业,如金融、证券等交易中,表现得更为明显。[2] 就立法层面上而言,原则是规则的立法基础。尽管安全与秩序、公正与公平等法律固有价值的追求也当然地适用于商法领域,但商事交易的效益原则仍然是商法最重要的原则。在商法的世界里,任何其他利益的衡量的最终目的都是为了服务于市场。至此,商事法律制度的核心利益追求变得明确而具体,那就是服务于商事效率的交易安全保障。这一核心制度利益具体于金融法领域,则应该表现为促进金融业高效、安全地发展。当然,出于对金融风险的防范、国家监管的需要,金融法规则又具备着一定的公法性质。在我国,金融法也属于经济法。[3] 因此对金融法规中核心利益的判断也涉及公共利益与个人利益的排序。然而,尽管通常情况下公共利益高于个人利益,但从保障商事交易安全与效率的角度,公共利益与个人利益在一般情况下并不相互矛盾;从金融监管的角度,政府对金融市场干预和限制,本质上是为了促进金融业发展下的国民经济增长,而"以损害个人利益来保障公共利益应该是穷尽其他可能手段之后的无奈选择"。[4] 金融法律规制的根本目的就是要实现核心制度利益,促进金融创新产业高效、安全的发展,这也是大数据在金融领域经济价值实现的重要体现。保障信息信用,促进以"数字信息"为媒介的金融创新产业高效、安全的发展就是科技金融法律规制的核心利益。科技金融领域核心利益的明确为金融法律规制范式转移提供了目标和方向,在此基础上,科技金融法律规制应当以实现制度体系的核心利益为目标,以排除当前科技金融行业创新发展的主要障碍为基本方向,实

---

[1] 马克思:《资本论·第一卷》,人民出版社,1975年,第829页。
[2] 王文宇:《从商法特色论民法典编纂——兼论台湾地区民商合一法制》,《清华法学》2015年第6期,第67页。
[3] 杨东:《金融消费者保护统合法论》,法律出版社,2013年,第44页。
[4] 朱飞:《金融法裁判的利益衡量方法》,《法律方法》2018年第3期,第7页。

现服务于市场的法律规制思维范式转移。

（二）以信息化的思维范式，建立科技金融领域下"数字信息"的透明和共享机制

在大数据时代，"数据信息"是社会交往和社会治理的重要工具，也是数据经济时代的重要资源。在人类历史长河中，数据一向被认为处于公共领域，是任何人都可以收集、运用的公共资源。即使在知识产权制度产生之后，仍然没有将事实、数据、思想等纳入知识产权保护的体系中。[1]在人工智能、云计算等高新技术的驱动下，"数据信息"的经济价值逐渐显现。在不同领域对"数据信息"的使用，均可能产生或多或少的精神利益或物质利益。因此，对"数据信息"的法律规制应当与利益联系起来。不同的领域，数据信息的价值表现也有所不同。比如在民法领域，我国《民法总则》第127条规定："法律对数据、网络虚拟财产的保护有规定的，依照其规定"。[2]这一规定承认了数据的财产属性，但总体而言，其项下基于人格权的隐私权利明显更为民法学界重视。以个人信息权为例，在英美法系，尤其以美国为代表，一切与人有关的权益保护均落入隐私权的范畴。[3]虽然在欧洲，个人数据保护被视为个人数据上的基本权利在个人数据保护法中予以规制[4]，但从法律法规的具体内容看，在民法领域，个人主体利益依然被限定在尊严、自由和平等一般人格利益的范围内（见表1）。然而，在大数据的时代背景下，个人信息早已被赋予了其承载的经济价值的社会利益。

表1 欧洲个人数据保护法

	欧洲个人数据保护法的相关规定
权利内容	制止他人不当使用行为（包括未经同意的使用行为）
规范对象	不当或不法收集和使用（处理行为）
民事责任	违法行为侵害个人主体权益的民事责任（停止侵害和损害赔偿）
涉及法益	保护数据上的主体利益，即人格尊严、自由和平等（不歧视）

---

〔1〕 高富平：《数据经济的制度基础——数据全面开放利用模式的构想》，《广东社会科学》2019年第5期，第14页。

〔2〕 参见《中华人民共和国民法总则》第127条。

〔3〕 高富平：《个人信息使用的合法性基础——数据上利益分析视角》，《比较法研究》2019年第2期，第82页。

〔4〕 总体上，欧洲的个人数据保护法，区分出了个人数据上的主体利益与隐私利益，分别在不同法律体系下加以规范。参见正文中表1。

在商业领域,"数据信息"常常被视为创新性的竞争资源,企业对数据信息的收集可以实现相当的商业利益,对增进消费者的福祉,促进国家经济结构调整,增强综合国力也有重要作用。[1] 在科技金融领域,由于信息信用的核心地位,数据信息的透明性和真实性成为制度体系下的首要需求。如果以"当事人的具体利益""群体利益""制度利益"(即法律制度的利益)和"社会公共利益"的利益类别[2],对由"数据信息"产生的多种利益进行必要的识别、排序和衡量,那么毫无疑问,保障"数据信息"的信息共享与安全必然成为科技金融领域"制度利益"所向。从当前的立法实践上看,我国现行的数据法规基本都以数据保护理念为核心理念。在立法目的上,相关规则的制定更侧重于对数据信息项下私权利的保护。在公权力方面,则更多地强调对数据信息的安全管理。2015年7月通过的《中华人民共和国国家安全法》(简称《国家安全法》)就将"实现网络和信息核心技术关键基础设施和重要领域信息系统及数据的安全可控"明确为立法宗旨之一[3],2016年发布的《中华人民共和国网络安全法》(简称《网络安全法》)也是将网络数据安全保护和防止数据泄露或者被窃取、篡改置于中心地位加以规制的。[4] 当前宏观法制对信息数据保护的重视符合国家安全的基本需求,对相关领域数据的私权利保护的必要性也不言而喻。[5] 在金融投资中,"信息披露制度历来扮演着投资者保护

---

[1] 钟裕民、许开轶:《大数据与政府管理创新:国内研究进展与研究展望》,《当代世界与社会主义》2016年第6期,第206页。

[2] 根据利益衡量的需要,利益可分为当事人的具体利益、群体利益、制度利益(即法律制度的利益)和社会公共利益。制度利益直接联结当事人利益与社会公共利益,它的衡量是利益衡量的核心所在。制度利益类似于社会公共利益,是指一项法律制度所固有的根本性利益。参见梁上上:《利益的层次结构与利益衡量的展开》,《法学研究》2002年第1期,第56页。

[3] 如《中华人民共和国国家安全法》第25条:国家建设网络与信息安全保障体系,提升网络与信息安全保护能力,加强网络和信息技术的创新研究和开发应用,实现网络和信息核心技术、关键基础设施和重要领域信息系统及数据的安全可控;加强网络管理,防范、制止和依法惩治网络攻击、网络入侵、网络窃密、散布违法有害信息等网络违法犯罪行为,维护国家网络空间主权、安全和发展利益。

[4] 如《中华人民共和国网络安全法》第42条:网络运营者不得泄露、篡改、毁损其收集的个人信息;未经被收集者同意,不得向他人提供个人信息。但是,经过处理无法识别特定个人且不能复原的除外。网络运营者应当采取技术措施和其他必要措施,确保其收集的个人信息安全,防止信息泄露、毁损、丢失。在发生或者可能发生个人信息泄露、毁损、丢失的情况时,应当立即采取补救措施,按照规定及时告知用户并向有关主管部门报告。

[5] 参见《全国人民代表大会常务委员会关于加强网络信息保护的决定》《电信及互联网用户个人信息保护规定》等。

的功能,也应当成为我国股权众筹制度中保护投资者的首要选择"[1]。作为大数据、人工智能技术基础的"数据"本身,并不具备什么内在价值,其真正的价值是通过被使用而创造出来的,"物"唯有融于"事"才呈现其多样的意义。[2]

以区块链为代表的智能技术本身,也是以"数据信息"为载体赋能于科技金融的。区块链分布式的信息记录形式的可靠和安全性只是相对的,如果相关"数据信息"的真实性和共享性不能通过法制的形式予以建立和发展,那么隐私侵犯、数据造假、欺诈等问题的发生可能更为频繁。事实上,禁止数据的流通未必能够真正保护到权利主体的利益,对"数据信息"的使用还可能产生数据信息的财产价值,更严重的是,科技金融所依托的信息信用也将失去价值,科技金融体系也将失去赖以生存的基本制度内核。2019年9月9日,美国联邦第九巡回法院在 hiQ Labs 公司诉 LinkedIn 公司一案中,就下达了初步禁令禁止 LinkedIn 公司拒绝 hiQ 公司访问其数据。法院认为 LinkedIn 公司有选择禁止潜在竞争对手访问和使用公共数据的行为在商业领域是不合适的,其行为涉嫌不公平竞争。

综上,科技金融法制的范式转移首先必须改变当前依托于宏观立法的规制形式,在行业内部确立"数字信息"的透明与共享机制。发展原有以数据保护为基础的思维,平衡释放数据经济活力,明确实现信息数据的安全与共享兼顾的规则向度,以预防和促进相结合的理念全面保障金融数据制度下法律关系的平衡和发展。正如波斯纳所说:"命令的形成要从具体、真实的生活观念出发,最终是为了通过判决继续塑造具体的生活。"[3]

(三)以专业化的法制思路,实现法律规范与行业规则的协调与互补

金融科技作为一种颠覆性的技术革新,对行业的冲击极为迅速,行业基础结合大数据和人工智能,所暴露出的发展需求对法制建设提出多方面挑战。从风险防控的角度,法律的预防性功能被寄予前所未有的期待。然而,在不同类别的法学领域,法律预防性功能的可塑性可能因其固有学科特征而存在差异,比如面对作为最严厉制裁措施的刑罚,人类应当更加注重法治国刑法的最后手段性、谦抑性、法益保护辅助性,如果在刑法领域,去探寻刑罚

---

[1] 傅穹、杨硕:《股权众筹信息披露制度悖论下的投资者保护路径构建》,《社会科学研究》2016年第2期,第79页。

[2] 杨国荣:《基于"事"的世界》,《哲学研究》2016年第11期,第82页。

[3] 菲利普·黑克著,傅广宇译:《利益法学》,《比较法研究》2006年第6期,第146页。

于机器人的预防目的就是十分荒诞和可笑的。[1] 但是在基于商事自治性而产生的商法体系中,规则的确定性则比规则的制定方式影响更为深远。英国的霍齐勋爵在2019年4月爱尔兰商业律师协会的演讲中谈道,他认为成功的商法体系应当是促进而非限制诚信的商业活动的。具有高度法律确定性的法律体系往往有助于降低交易成本,鼓励商事发展。[2] 这也是长期以来商事制度体系下追逐效率的意识体现,这种意识与刑事法律体系中的教义法学思维存在巨大差异。

在商法的世界里,当传统的法律体系结构尚未调整以适应科技所带来的新型交易形式时,或许我们有必要重温一下波斯纳的《法律的经济分析》[3]。波斯纳认为"人是其自利的理性最大化者",人们会对激励作出反应,如果一个人的环境发生了变化,而他通过改变其行为就能够增加他的满足,那他就会这样去做。由于自利本性的趋势,人们在交易过程和社会生活中行使各自的权利时就不可避免地会产生各种矛盾,这就需要法律作为平衡器进行利益的权衡,对各种权利进行界定。这一理论同样适用于人工智能发展下的贸易金融体系。根据社会成本理论、效率和平等理论,法律应该在权利界定和程序规则上使社会成本最低化、社会资源配置达到最优点。

参照我国当前商事领域的普遍立法习惯,期待科技金融领域宏观立法的出台是不切实际的。即使在相对功能集中的贸易金融领域,当前也未见单行立法出台的迹象。相关的单行法规,如2005年《最高人民法院关于审理信用证纠纷案件若干问题的规定》、2016年新《国内信用证结算办法》以及《最高人民法院关于审理独立保函纠纷案件若干问题的规定》等,均以贸易金融工具类型为边界,仅就不同商事实践中出现的问题作出了基本规则引导,宏观作用较为优先,也欠缺发展性思维下的法律风险防控效应。

面对数字金融技术应用产生的一些新问题,国务院办公厅、工信部等均

---

〔1〕 刘艳红:《人工智能法学研究中的反智化批判》,《东方法学》2019年第5期,第111页。

〔2〕 原文为:"A successful system of commercial law must promote rather than hinder honest commercial activity. A legal system which offers a high degree of certainty will trend to reduce the cost of transaction and so encourage commerce."

〔3〕 理查德·波斯纳著,蒋兆康译:《法律的经济分析》,法律出版社,2012年,第2页。

相继出台了指导意见和政策引导。[1] 2019 年 9 月,中国银行保险监督管理委员会刚刚发布的《中国银行保险监督管理委员会办公厅关于推动供应链金融服务实体经济的指导意见》再次为我国实务部门在供应链金融领域发展的需求释放信号。其提出的三项基本原则[2],也从发展现状的角度突出了当前领域急需解决的问题,为我国金融行业的制度建设提供了一定思路。商事活动的自治性和自利性决定了商事领域倾向于制定自己的行业规则以满足商事发展的实际需求,在金融领域也不例外。信用证、保函领域的重要国际性规则《跟单信用证统一惯例(UCP600)》《见索即付保函统一规则(URDG758)》等都具备很强的行业商事自治特性,近期刚刚发布的《跟单信用证统一惯例关于电子交单的附则(eUCP 2.0)》更是国际商会对信用证领域大数据人工智能发展的积极回应。面对高速发展的金融科技与法律天然的滞后性特征的矛盾,科技金融领域的立法思维应当跟随区块链技术的脚步实现"去中心化"立法思维转变。在现实中,金融科技背景下的很多商事合同也会突破一般的法律构造,以传统的理念和规则待之,其结果可能是无从裁判或难以彰显公平,甚至阻碍交易。

因此,在科技金融领域,应当进一步重视相关行业规则的制定与解释适用。同时,还应当了解和适度接受互联网和网络空间中存在的"代码规则"。互联网和网络空间自身是存在对行为的规制的,这类规制是通过代码完成的。数字代码的差别导致了规则的不同,进而可以区分出网络空间的不同部分。[3] 代码规则通过直接塑造网络空间来约束相应参与者的行为,主体只有遵守代码才可能成为网络空间的参与者。因此,区别于法律规范中存在的禁止性规定模式,在代码规则下,不存在可为与不可为的情形,而只存在可能与不可能问题,一个不遵守代码架构的参与者,根本不可能在相应的网络空

---

[1] 如国务院办公厅《关于积极推进供应链创新与应用的指导意见》(国办发〔2017〕84 号);商务部、工信部等 8 部门《关于开展供应链创新与应用试点的通知》(商建函〔2018〕142 号);中共中央办公厅、国务院办公厅印发《关于加强金融服务民营企业的若干意见》等。

[2] 银行保险机构在开展供应链金融业务时应坚持以下基本原则:一是坚持精准金融服务,以市场需求为导向,重点支持符合国家产业政策方向、主业集中于实体经济、技术先进、有市场竞争力的产业链链条企业。二是坚持交易背景真实,严防虚假交易、虚构融资、非法获利现象。三是坚持交易信息可得,确保直接获取第一手的原始交易信息和数据。四是坚持全面管控风险,既要关注核心企业的风险变化,也要监测上下游链条企业的风险。

[3] 劳伦斯·莱斯格著,李旭、沈伟伟译:《代码 2.0 网络空间中的法律》,清华大学出版社,2009 年,第 28 页。

间实施行为。[1]基于互联网自身特性被制定的代码规则,对大数据人工智能时代的发展要求有着天然的适应性。作为法律滞后功能的调节和补充,在科技金融的法律规制中,可以适度发挥法律规范与代码规则的互补功能。当然,法律由立法机关制定的唯一性决定了行业规则、代码规则都不等同于法律,但基于商法的自治性特征,在科技金融这一新兴的特殊领域,可以尝试转变立法思维模式,通过特定的程序赋予行业规则、代码规则类似于法律的权威效力,从而更好地发挥行业规则的功能性特征,促进科技金融创新的繁荣发展。一种理论价值的实现不在于为多少人引用,作为炫耀自己学识的资本,而在于能否应用于实践,起到为人们排忧解难的作用。

小　　结

当今世界,新科技革命和全球产业变革正在孕育兴起,积极利用最新科技成果,推进国家治理现代化,关系到"两个一百年"奋斗目标和中国梦的实现。科技创新已经成为人类赖以发展的源生力量,伴随着人工智能和科技创新对金融行业的全方位渗透,以后的科技金融很可能将直接成为金融的代名词。金融与科技的交互发展并不会也不可能只停留在技术与产品的层面,二者在发展中的共生与融合,继而引发的金融乃至整个商事领域的制度变革才是法学界应该关注的焦点。金融与科技在发生协同效应的同时也会引发各类新型风险,人工智能作用下的"数据信息"成为真正的利益源泉,摇摆在效益与安全、利益与伦理间的价值判断还将长期困扰着经济、法学、社会学等多学科学者。在财富的巨大诱惑面前,要想全面地解决科技创新引发的利益争议困难重重。然而,从单一部门法的角度,类化大数据红利于不同领域的利益衡量,可以简化利益冲突,细化规则体系,实现大数据时代危机意识下的"曲线救国"。

---

[1] 汪青松:《信任机制演进下的金融交易异变与法律调整进路——基于信息哲学发展和信息技术进步的视角》,《法学评论》2019年第5期,第84页。

中文参考文献

一、主要著作

［1］费安玲.比较担保法.北京：中国政法大学出版社，2004
［2］何勤华.西方法律思想史.上海：复旦大学出版社，2005
［3］刘艳红.实质刑法观.北京：中国人民大学出版社，2009
［4］李世刚.法国担保法改革.北京：法律出版社，2011
［5］沈达明.法国/德国担保法.北京：中国法制出版社，2000
［6］吴庆宝,孙亦闽,金赛波.信用证诉讼原理与判例.北京：人民法院出版社，2005
［7］吴从周.概念法学、利益法学与价值法学：探索一部民法方法论的演变史.北京：中国法制出版社，2011
［8］王振东.现代西方法学流派.北京：中国人民大学出版社，2006

二、主要论文

［1］程啸.民法典物权编担保物权制度的完善.比较法研究，2018(2)
［2］古小东.论独立担保在我国的法律效力.上海金融，2006(11)
［3］郭小冬.论诉讼保全中的利益权衡问题.西南政法大学学报，2009(6)
［4］高富平.数据经济的制度基础：数据全面开放利用模式的构想.广东社会科学，2019(5)
［5］何鹏.知识产权立法的法理解释：从功利主义到实用主义.法制与社会发展，2019(4)
［6］洪名勇,钱龙.多学科视角下的信任及信任机制研究.江西社会科学，2013(1)
［7］梁上上.制度利益衡量的逻辑.中国法学，2012(4)
［8］梁上上.利益的层次结构与利益衡量的展开.法学研究，2002(1)
［9］梁上上.利益衡量的界碑.政法论坛：中国政法大学学报，2006(5)

[10] 刘艳红.人工智能法学研究中的反智化批判.东方法学,2019(5)

[11] 刘风景.法律互鉴是构建人类命运共同体之良方.法学论坛,2018(4)

[12] 刘艳红.侵犯公民个人信息罪法益:个人法益及新型权利之确证:以《个人信息保护法(草案)》为视角之分析.中国刑事法杂志,2019(5)

[13] 刘斌.美国备用信用证制度的演进与借鉴.河南财经政法大学学报,2016(2)

[14] 陆璐.论独立担保制度下的保全救济.法学论坛,2016(2)

[15] 陆璐.保函欺诈例外:一例国际商事规则的中国式创新诠释.河南师范大学学报(哲学社会科学版),2018(1)

[16] 陆璐.信用证欺诈的认定标准与止付令下达依据.江海学刊,2014(3)

[17] 陆璐.独立保函国内适用难题研究:以信用证欺诈例外规则的引入为视角.苏州大学学报(哲学社会科学版),2014(6)

[18] 李国安.我国独立担保的实践与立法完善.厦门大学学报(哲学社会科学版),2005(1)

[19] 苏力.法律与科技问题的法理学重构.中国社会科学,1999(5)

[20] 沈国明.改革开放40年法治中国建设:成就、经验与未来.东方法学,2018(6)

[21] 王利明.民法上的利益位阶及其考量.法学家,2014(1)

[22] 吴泽勇.中国法上的民事诉讼证明标准.清华法学,2013(1)

[23] 汪青松.信任机制演进下的金融交易异变与法律调整进路:基于信息哲学发展和信息技术进步的视角.法学评论,2019(5)

[24] 谢晖.中国古典法律解释中的目的智慧:追求法律的实用性.法学论坛,2005(4)

[25] 杨建军.国家治理、生存权发展权改进与人类命运共同体的构建.法学论坛,2018(1)

[26] 杨国荣.基于"事"的世界.哲学研究,2016(11)

[27] 周仲飞,李敬伟.金融科技背景下金融监管范式的转变.法学研究,2018(5)

[28] 周翠.行为保全问题研究:对《民事诉讼法》第100—105条的解释.法律科学:西北政法学院学报,2015(4)

[29] 郑戈.在鼓励创新与保护人权之间:法律如何回应大数据技术革新的挑战.探索与争鸣,2016(7)

[30] 仲相.论独立担保的适用范围与法律效力.人民司法,2011(11)

[31] 朱飞.金融法裁判的利益衡量方法.法律方法,2018(3)

三、主要译著

[1] 北川善太郎.日本民法体系.李毅多,仇京春,译.北京:科学出版社,1995

[2] 弗里德里希·冯·哈耶克.经济、科学与政治:哈耶克思想精粹.冯克利,译.南京:江苏人民出版社,2000

[3] 理查德·波斯纳.法律的经济分析.蒋兆康,译.北京:法律出版社,2012

[4] 马克思.资本论:第一卷.中共中央马克思恩格斯列宁斯大林著作编译局,译.北京:人民出版社,1975

[5] 唐塔普斯科特,亚力克斯·塔普斯科特.区块链革命:比特币底层技术如何改变货币、商业和世界.凯尔,孙铭,周沁园,译.北京:中信出版社,2016

[6] 亚当·斯密.国富论.胡长明,译.重庆:重庆出版社,2015

[7] 伊夫·居荣.法国商法·第1卷.罗结珍,赵海峰,译.北京:法律出版社,2004

英文参考文献

Table of Cases:

- England and Wales:

[1] Alexander v. Rayson. [1936] 1 K. B. 169. p. 216.

[2] Alfred Dunhill Limited and Another v. Sunoptic S. A. and Another. [1979] F. S. R. 337. p. 156,159.

[3] American Cyanamid Co. Appellants v. Ethicon Ltd. Respondents. [1975] A. C. 396. p. 157,161, 166, 169, 171.

[4] Anderson Ltd. v. Daniel. [1924] 1 K. B. 138. p. 198.

[5] Anns v. Merton London Borough Council. [1978] A. C. 728. p. 170.

[6] Aratra Potato Co. v. Taylor Johnson Garrett. [1995] 4 All E. R. 695. p. 191.

[7] Balfour Beatty Civil Engineering Ltd. v. Technical & General Guarantee. [2000] C. L. C. 252. p. 148,150, 155, 162.

[8] Banque Saudi Fransi v. Lear Siegler Services. [2006] 1 Lloyd's Rep. 273 (QB); [2007] 2 Lloyd's Rep. 47(CA).

[9] Bennett v. Bennett. [1952] 1 K. B. 260. p. 191.

[10] Bolivinter Oil S. A. v. Chase Manhattan Bank, Commercial Bank of Syria and General Company of Homs Refinery. [1984] 1 Lloyd's Rep. 251. p. 123,127, 131, 254.

[11] Brown Jenkinson & Co. Ltd. v. Percy Dalton (London) Ltd. [1957] 2 Q. B. 621. p. 52.

[12] Byserische Aktiengesellschaft v. National Bank of Pakistan. [1997] 1 Lloyd's Rep. 59. p. 24.

[13] Cambridge Nutrition Ltd. v. BBC. [1990] 3 All E. R. 523. p. 158,159.

[14] Cf. Johnson v. Moreton. [1980] A. C. 36. p. 188.

[15] Cheall v. A. P. E. X. [1983] 1 Q. B. 126. p. 189.

[16] Cleaver v. Mutual Reserve Fund Life Association. [1892] 1 Q. B. 147,152. p. 191.

[17] Clovertogs Ltd. v. Jean Scenes Ltd. [unreported] 5 March 1982. p. 149.

[18] Consolidated Oil Ltd. v. American Express Bank Ltd. [2002] C. L. C. 488. p. 261.

[19] Cross v. Kirkby. [2000] All E. R. (D) 212. p. 192.

[20] Czarnikow-Rionda Sugar Trading Inc. v. Standard Bank London Ltd. [1999] 2 Lloyd's Rep. 187. p. 141,168,180,249,254.

[21] De Falco v. Crawley BC. [1980] 1 Q. B. 460 (CA). p. 159.

[22] Derry v. Peek. [1889] L. R. 14 App. Cas. 337. p. 51,56, 85.

[23] Discount Records Ltd. v. Barclays Bank Ltd. and Barclays Bank International Ltd. [1975] Lloyd's Rep. 444. p. 47,101,109,133.

[24] Donald H. Scott & Co. Ltd. v. Barclays Bank Ltd. [1923] 2 K. B. 1. p. 21.

[25] Douglas v. Hello Ltd. [2001] Q. B. 967. p. 159.

[26] Edgington v. Fitzmaurice. [1885] 29 Ch. D. 459. p. 57.

[27] Edward Owen Engineering Ltd. v. Barclays Bank International Ltd. [1978] Q. B. 159. p. 49,59,61,136,138,176.

[28] Egyptian International Foreign Trade Co. v. Soplex Wholesale Supplies. [1984] 1 Lloyd's Rep. 102. p. 240.

[29] Emmanuel Francis v. The Royal Borough of Kensington and Chelsea. [2003] W. L. 933 (CA). p. 159.

[30] Equitable Trust Co. of New York v. Dawson Partner Ltd. [1927] 27 L. l. L. R. 49. p. 1920, 35.

[31] Fender v. St. John Mildmay. [1938] A. C. 1. p. 189.

[32] Foster v. Driscoll. [1920] 2 K. B. 287. p. 225.

[33] Gian Singh & Co. Ltd. v. Banque de L'Indochine. [1974] 2 Lloyd's Rep. 1. p. 19, 47, 105,109, 176, 184, 229, 248,264, 271.

[34] Glencore International AG & Anor v. Bank of China. [1996] C. L. C. 95. p. 37,38.

[35] Gray v. Barr. [1971] 2 Q. B. 554. p. 189.

[36] Gray v. Thames Trains Ltd. [2009] 1 A. C. 1339. p. 194.

[37] Group Josi Re v. Walbrook Insurance Co. Ltd. [1996] 1 W. L. R. 1152, 1162. p. 147, 166, 208,213, 218,224, 229,231.

[38] Hamzeh Malas & Sons v. British Imex Industrial Ltd. [1958] 2 Q. B. 127.

p. 32,39,96.

[39] Haseldine v. Hosken. [1933] 1 K. B. 822. p. 191.

[40] Heskell v. Continental Express Ltd. [1950] 83 L. l. L. Rep. 438（col 2）. p. 241.

[41] Hewison v. Meridian Shipping Services PTE Ltd. [2003] I. C. R. 766. p. 192.

[42] Holman v. Johnson. [1775] 1 Cowp. 341. p. 192.

[43] Hong Kong and Shanghai Banking Corp. Ltd. v. Kloeckner & Co. AG. [1990] 2 Q. B. 514. p. 150.

[44] J. M. Allan (Merchandising) Limited v. Cloke. [1963] 2 Q. B. 340. p. 197, 199, 226.

[45] J. v. S-T (Formerly J) (Transsexual). [1997] 1 F. L. R. 402. p. 189.

[46] JH Raynor & Co. Ltd. v. Hambro's Bank Ltd. [1983] Q. B. 711. p. 36.

[47] Kleinwort Benson v. Lincoln City Council. [1999] 2 A. C. 349. p. 199.

[48] Kreditbank Cassel GmbH v. Schenkers Ltd. [1927] 1 K. B. 826. p. 241.

[49] Kvaerner John Brown Ltd. v. Midland Bank plc. [1998] C. L. C. 446. p. 168,169.

[50] Kwei Tek Chao v. British Traders and Shippers. [1954] 1 Q. B. 459. p. 240.

[51] Leisure Data v. Bell. [1988] F. S. R. 367. p. 159.

[52] M. A. Sassoon & Sons Ltd. v. International Banking Corp. [1927] A. C. 711. p. 21.

[53] Mahonia Ltd. v. JP Morgan Chase Bank (No. 1). [2003] E. W. H. C 1927 (Comm); [2003] 2 Lloyd's Rep. 911 and (No. 2). [2004] E. W. H. C 1938 (Comm). p. 186, 200, 213,226, 231,234, 266.

[54] Marles v. Philip Trant & Sons. [1954] 1 Q. B. 29. p. 191.

[55] Monkland v. Jack Barclay. [1951] 2 K. B. 252. p. 189.

[56] Montrod Ltd. v. Grundkötter Fleischvertriebs GmbH. [2001] E. W. C. A. Civ 1954,[2002] 1 W. L. R. 1975. p. 186, 236, 242,243, 246,253, 262, 268,280.

[57] Morguard Bank of Canada v. Reigate Resource Ltd. and Canada Treust Co. [1985] 40 Alta 1. R (2d) 77. p. 202.

[58] NWL Ltd. v. Woods. [1979] 1 W. L. R. 1294. p. 158.

[59] Phoenix General Insurance Co of Greece SA v. Halvanon Insurance Co. Ltd. [1988] Q. B. 216. p. 196.

[60] Polhill v. Walter. [1832] 3 B. & Ad. 114. p. 54.

[61] R. D. Harbottle Ltd. v. National Westminster Bank Ltd. [1978] Q. B. 146. p. 163,170.

[62] Re Mahmoud v. Spahani. [1921] 2 K. B. 716. p. 192,227.

[63] Regazzoni v. K. C. Sethia (1944) Ltd. [1958] A. C. 301. p. 215,216.

[64] Safa Ltd. v. Banque Du Caire. [2000] 2 Lloyd's Rep. 600. p. 146,155,174,182,235,267.

[65] Scott v. Brown, Doering, McNab & Co. [1892] 2 Q. B. 724. p. 217.

[66] Seaconsar Far East Ltd. v. Bank Markazi Jomhouri Islami Iran. [1993] 3 W. L. R. 756 (HL), [1993] 1 Lloyd's Rep. 236 (CA). p. 35,36.

[67] Series 5 Software v. Clarke & Ors. [1996] 1 All E. R. 853. p. 158.

[68] Sirius International Insurance Co v. FAI General Insurance Ltd. [2004] 1 W. L. R. 3251 (HL), [2003] 1 W. L. R. 2214 (CA). p. 40,41.

[69] Siskina, The (H. L.). [1978] 1 Lloyd's Rep. 1. p. 158,170.

[70] Solo Industries UK Ltd. v. Canara Bank. [2001] 1 W. L. R. 1800. p. 143,147,151,177,182.

[71] Standard Chartered Bank v. Pakistan National Shipping Corp. and others (No. 2). [2003] 1 A. C. 959 (HL), [2000] 1 Lloyd's Rep. 218 (CA),[1998] 1 Lloyd's Rep. 684 (QB). p. 54,55,238.

[72] Stein v. Hambros Bank of Northern Commerce. [1921] 9 L. l. L. R 433. p. 21.

[73] Stone & Rolls Ltd. v. Moore Stephens. [2009] 1 A. C. 1391. p. 193,194,200.

[74] Themehelp Ltd. v. West and Others. [1996] Q. B. 84. p. 135,141,161,169,261,275,276.

[75] Tinsley v. Milligan. [1994] 1 A. C. 340. p. 184,190,200.

[76] Tukan Timber Ltd. v. Barclays Bank Plc. [1987] 1 Lloyd's Rep. 171. p. 31,165.

[77] United City Merchants v. Royal Bank of Canada (The American Accord). [1983] A. C. 168 (HL); [1982] Q. B. 208 (CA). p. 44,46,110,113,184,185,205,209,219,232,237,241,245,253,261,266,271.

[78] United Trading Corp. SA v. Allied Arab Bank Ltd. [1985] 2 Lloyd's Rep. 554 (CA). p. 129,131,153,161,166.

[79] Urquhard Lindsay & Co. Ltd. v. Eastern Bank Ltd. [1922] 1 K. B. 318. p. 19,31.

[80] Waugh v. Morris. [1872 - 73] L. R. 8 Q. B. 202. p. 189.

[81] Wetherell v. Jones. [1832] 3 B & Ad 221; 110 E. R. 82. p. 189.

[82] Wilson Smithett & Cope Ltd. v. Terruzzi. [1976] Q. B. 683. p. 197.

- The United States

[1] American Bell International v. Islamic Republic of Iran. [1979] 474 F. Supp.

420. p. 86,87.

[2] Asbury Park & Ocean Grove Bank v. National City Bank of New York. [1942] 35 N. Y. S. 2d 985. p. 82,83,93.

[3] Dymanics Corp. of America v. Citizens & Southern Nat'l Bank. [1973] 356 F. Supp. 911. p. 87.

[4] Higgins v. Steinharderter. [1919] 175 N. Y. S. 279. p. 63.

[5] Intraworld Industries v. Girard Trust Bank. [1975] 336 A. 2d 316. p. 81,113.

[6] Jaffe v. Bank of Am. N. A. [2010] U. S. App. LEXIS 18496. p. 97.

[7] Maurice O'Meara v. National Park Bank. [1925] 146 N. E. 636. p. 67,71,122.

[8] Mid-America Tire v. PTZ Trading Ltd. Import and Export Agent. [2000] Ohio App. LEXIS 5402; [2000] 43 U. C. C. Rep. Serv. 2d (Callaghan) 964. p. 93.

[9] New Orleans Brass v. Whitney National Bank and the Louisiana Stadium and Exposition District. [2002] La. App. LEXIS 1764. p. 94.

[10] New York Life Insurance Co. v. Hartford National Bank & Trust Co. [1977] 378 A. 2d 562. p. 80,132.

[11] NMC Enterprises v. Columbia Broadcasting System Inc. [1974] W. L. R. 1758. p. 84.

[12] Old Colony Trust Co. v. Lawyers' Title & Trust Co. [1924] 297 F. 152. p. 65,67,70,99.

[13] Sava Gumarska in Kemijska Industria D. D. v. Advanced Polymer Scis. , Inc. [2004] Tex. App. LEXIS 958. p. 97.

[14] SEC v. Capital Gains Research Bureau Inc. [1963] 375 US 180. p. 88.

[15] Spliethoff's Bevrachtingskantoor BV v. Bank of China Limited. [2015] E. W. H. C 999. p. 1001.

[16] Sztejn v. J. Henry Schroder banking Corp. [1941] 4 N. Y. S. 2d 631. p. 13,45, 46,49,65,68,79,96,97,117,178,221.

[17] United Bank Ltd. v. Cambridge Sporting Goods Corp. [1976] 392 N. Y. S. 2d 265. p. 88.

[18] Yango Pastoral Co. Pty. Ltd. v. First Chicago Australia Ltd. [1978] 139 C. L. R. 410. p. 188.

• Singapore:

[1] Lambias (Importers and Exporters) Co. Pte Ltd. v. Hong Kong and Shanghai Banking Corp. [1993] 2 S. L. R 751. p. 251,252,269,273,274.

[2] Beam Technologies v. Standard Chartered Bank. [2002] 2 S. L. R 155,[12]; aff 'd. [2003] 1 S. L. R 597. p. 239,246,256.

Legislation & Conventions:

[1] Bills of Exchange Act 1882.

[2] Bretton Woods Agreement Act 1945.

[3] Fraud Act 2006.

[4] Insurance Companies Act 1982.

[5] Marine Insurance Act 1906.

[6] The Civil Procedure Rules 1998, SI 1998/3132.

[7] The Uniform Commercial Code (1972 version).

[8] The Uniform Commercial Code (1995 version).

[9] The Uniform Commercial Code (2004 version).

[10] The Uniform Customs and Practice for Documentary Credits 500 (International Chamber of Commerce, 1993).

[11] The Uniform Customs and Practice for Documentary Credits 600 (International Chamber of Commerce, 2007).

Law Commission Reports:

[1] ILLEGAL TRANSACTIONS: The Effect of Illegality on Contracts and Trusts (CP 154), 21/01/1999

[2] The ILLEGALITY DEFENCE: A Consultative Report (CP 189), 23/01/2009

[3] The ILLEGALITY DEFENCE (LC 320), 17/03/2010

Articles:

[1] ADODO E. Nondocumentary Requirements in Letters of Credit Transactions: What is the Bank's Obligation Today?. Journal of Business Law,2008:103

[2] ADODO E. A Presentee Bank's Duty When Examining a Tender of Documents under the Uniform Customs and Practice for Documentary Credits 600. Journal of International Banking Law and Regulation,2009:566

[3] ZUCKERMAN A A S, Case Comment:Interlocutory Injunctions on the Merits. Law Quarterly Review,1991:196

[4] AHARONI D, JOHNSON A. Fraud and Discounted Deferred Payment Documentary Credits: The Banco Santander Case. Journal of International Banking Law and Regulation, 2000:22

[5] AKINLADEJO O H. Advance Fee Fraud:Trends and Issues in the Caribbean. Journey of Financial Crime,2007,14(3):320

[6] BARNES J. UCP 600 and Bank Responsibility for Fraud. DC Insight,2007,13(1):4

[7] BERTRAMS R F. Bank Guarantees in International Trade. International Trade Law & Regulation,1997:111

[8] BOLLEN R. An Overview of the Operation of International Payment Systems with Special Reference to Australian Practice: Part 1. Journal of International Banking Law and Regulation,2007: 373

[9] BRIDGE M. Innocent Misrepresentation in Contract. Current Legal Problems,2004,57:277

[10] BURJAQ M. A Reaction from the Middle East. DC Insight,2007,13(1):9

[11] CHATTERJEE C. Letters of Credit Transactions and Discrepant Documents: An Analysis of the Judicial Guidelines Developed by the English Courts. Journal of International Banking Law,1996 :510

[12] CHIN L,WONG Y. Autonomy: A Nullity Exception at Last?. Lloyd's Maritime and Commercial Law Quarterly,2004 :14

[13] CHONG W S. The Abusive Calling of Performance Bonds. Journal of Business Law,1990:414

[14] CHUAH J. Documentary Credit-Principle of Autonomy-Derogation. Journal of International Maritime Law,2003,9(3):215

[15] CHUAH J. Documentary Credits and Illegality in the Underlying Transaction. Journal of International Maritime Law,2003,9(6):518

[16] CHUAH J. The Principle of Autonomy and New Uses for Letters of Credit. Student Law Review,2008,53:44.

[17] COLLYER G. UCP 600: An Analysis of Articles 713. Standard Chartered Newsletter,2007,3:3.

[18] DAVIES P S. The Illegality Defence Two Steps Forward, One Step Back?. Conveyancer and Property Lawyer,2009:182

[19] DAVIES P S. Legislative Comment: The Illegality Defence: Turning Back the Clock. Conveyancer and Property Lawyer,2010:282

[20] DEBATTISTA C. Performance Bonds and Letters of Credit: A Cracked Mirror Image. Journal of Business Law, 1997:289

[21] DEBATTISTA C. The New UCP 600—Changes to the Tender of the Seller's Shipping Documents under Letters of Credit. Journal of Business Law,2007:329

[22] DOISE D. The 2007 Revision of the Uniform Customs and Practice for Documentary Credits (UCP600). International Business Law Journal,2007:106

[23] DOLAN J F. Standby Letters of Credit and Fraud (Is the Standby Only Another Invention of the Goldsmiths in Lombard Street?). Cardozo Law Review,1985,7:1

[24] DOLAN J F. Letters-of-Credit Disputes Between the Issuer and Its Customer: the Issuer's Rights Under the Misnamed "Bifurcated Standard". Banking Law Journal,1988,105:380

[25] DOLAN J F. Letters of Credit: A Comparison of UCP 500 and the New US Article 5. Journal of Business Law,1999:521

[26] DOLAN J F. Negotiation Credits under UCP 600. DC Insight,2007,13(1):4

[27] DONNELLY K. Nothing for Nothing: A Nullity Exception in Letters of Credit. Journal of Business Law,2008:316

[28] DOWNES P. UCP 600: Not So Strict Compliance. Journal of International Banking and Financial Law,2007,4:196

[29] ELLINGER E P. The UCP-500: Considering a New Revision. Lloyd's Maritime and Commercial Law Quarterly,2004:30

[30] ELLINGER E P. Use of Some ICC Guidelines. Journal of Business Law, 2004:705

[31] ELLINGER E P. The UCP 500 Considering a New Revision. Lloyd's Maritime and Commercial Law Quarterly,2005:30

[32] ELLINGER E P. The Uniform Customs and Practice for Documentary Credits (UCP): Their Development and the Current Revisions. Lloyd's Maritime and Commercial Law Quarterly, 2007:152

[33] ELLINGER E P. Expert Evidence in Banking Law. Journal of International Banking Law and Regulation,2008:557

[34] ELLINGER E P. The Beneficiary's Bank in Documentary Credit Transactions. Law Quarterly Review, 2008:299

[35] ENONCHONG N. Effects of Illegality: A Comparative Study in French and English Law. International and Comparative Law Quarterly,1995,44:196

[36] ENONCHONG N. The Autonomy Principle of Letters of Credit: An Illegality Exception?. Lloyd's Maritime and Commercial Law Quarterly,2006:404

[37] FELLINGER G A. Letters of Credit: The Autonomy Principle and the Fraud Exception. Journal of Banking and Finance Law and Practice,1990,1:4

[38] FORD M. Where L/C is Weak and Strong. (2004 – 02 – 16)[2011 – 01 – 26]. http://www.iccbooks.com/Home/LCUse.aspx

[39] GANOTAKI A. Documentary Credits: Another Original Story. Lloyd's Maritime and Commercial Law Quarterly,2003:151

[40] GAO X, BUCKLEY R P. A Comparative Analysis of the Standard of Fraud Required Under the Fraud Rule in Letters of Credit Law. Oxford U Comparative L Forum, 2003:3

[41] GOODE R. Reflections on Letters of Credit Ⅰ. Journal of Business Law, 1980: 291

[42] GOODE R. Reflections on Letters of Credit Ⅲ: Recovery of Money Paid Against Non-Conforming Documents. Journal of Business Law, 1980:443

[43] GOODE R. Abstract Payment Obligations and the Rules of the International Chamber of Commerce. St Louis University Law Journal, 1995, 39:725

[44] GOODE R. Rule, Practice, and Pragmatism in Transactional Commercial Law. International and Comparative Law Quarterly, 2005, 54:539

[45] GRAHAM G B, GEVA B. Standby Credits in Canada. Canadian Business Law Journal, 1984, 9:180

[46] GRAY C. Interim injunctions since American Cyanamid. Cambridge Law Journal, 1981, 40:307

[47] HARE C. Not so Black and White: The Limits of the Autonomy Principle. Cambridge Law Journal, 2004, 63(02):288

[48] HARFIELD H. Enjoining Letters of Credit Transactions. Banking Law Journal, 1978, 95(7):596

[49] HOOLEY R. Fraud and Letters of Credit: Is There a Nullity Exception?. Cambridge Law Journal, 2002, 61(02):379

[50] HOROWITZ D. Banco Santander and the UCP 600. Journal of Business Law, 2008:508

[51] ISAAC M, BARNETT M. International Trade Finance: Letters of Credit, UCP 600 and Examination of Documents. Journal of International Banking Law and Regulation, 2007:660

[52] JUSTICE J B. Letters of Credit: Expectations and Frustrations(Pt. 1). Banking Law Journal, 1977, 94:424

[53] JUSTICE J B. Letters of Credit: Expectations and Frustrations(Pt. 2). Banking Law Journal, 1977, 94:493

[54] JAMES E B. Letters of Credit Trends. January Letters of Credit Update, 1997:5

[55] KEAY A. Whither American Cyanamid?: Interim Injunctions in the 21st Century. Civil Justice Quarterly, 2004, 23:132

[56] MACINTOSH K L. Letters of Credit: Dishonor When a Required Document Fails to Conform to the Section 7-507(b). Warranty. J L & Commerce, 1986, 6:1

[57] KIM C. Mixed Reactions to UCP 600 Draft. L C Views,2006,45:28

[58] KOH P. Some Issues in Misrepresentation. Journal of Business Law,2008:123

[59] KOZOLCHYK B. The Emerging Law of Standby Letters of Credit and Bank Guarantees. Arizona Law Review,1982,24:319

[60] KOZOLCHYK B. Strict Compliance and the Reasonable Document Checker. Brooklyn Law Review,1990,56:45

[61] KOZOLCHYK B. The Financial Standby Letters of Credit. International Business Law Journal,1995:405

[62] MANN R J. The Role of Letters of Credit in Payment Transactions. Michigan Law Review,2000,99:2494

[63] MARTIN J. Interim Injunctions: American Cyanamid Comes of Age. The King's College Law Journal,1993,4:52

[64] MEGRAH M. Risk Aspects of the Irrevocable Documentary Credit. Arizona Law Review,1982,24:255

[65] MUGASHA A. Enjoining the Beneficiary's Claim on a Letters of Credit or Bank Guarantee. Journal of Business Law,2004:515

[66] MURPHY J D. Documentary Credits and Rejected Documents. Lloyd's Maritime and Commercial Law Quarterly,1992:26

[67] NEO D. A Nullity Exception in Letters of Credit Transactions. Singapore Journal of Legal Studies, 2004:46

[68] ODEKE A. Double Invoicing in International Trade: the Fraud and Nullity Exceptions in Letters of Credit—Are the America Accord and the UCP 500 Crooks' Charters?. Denning Law Journal,2006,12:115

[69] PARSON R. UCP 600 a New Lease of Life for Documentary Credits? Part 1. Finance and Credit Law,2007,1:1

[70] PATERSON S,JOHNSON A. Fraud and Documentary Credits. International Banking Law and Regulation,2001:37

[71] PHILLIPS J. Interim Injunctions and Intellectual Property: A Review of American Cyanamid v. Ethicon in the Light of Series 5 Software. Journal of Business Law,1997:486

[72] PROFAZI G,CHUAH J. An Analysis of Acceptance and Deferred Payment Credits in Civil and Common Law. Journal of International Maritime Law,2007,13:330

[73] RAISER M, ROUSSO A, STEVES F,et al. Trust in Transition:Cross Country and Firm Evidence. Journal of Law, Economics & Organization, 2008:407

[74] SAPPIDEEN R. International Commercial Letters of Credit: Balancing the

Rights of Buyers and Sellers in Insolvency. Journal of Business Law,2006:133

[75] SCOTT I R. Re-assessing American Cyanamid. Civil Justice Quarterly,2002, 21:190

[76] SHEEHAN D. Rights of Recourse in Documentary (and Other) Credit Transactions. Journal of Business Law,2005:326

[77] STEINERT J,PELLING A. Interlocutory Relief:Interpreting American Cyanamid. International Company and Commercial Law Review,1997:178

[78] SYMONS E L. Letters of Credit: Fraud, Good Faith and the Basis for Injunctive Relief. Tulane Law Review,1980,54:338

[79] TODD P. Non-genuine Shipping Documents and Nullities. Lloyd's Maritime and Commercial Law Quarterly, 2008:547

[80] TOMPKINSON D, MEI H. Rights Use Them or Lose Them:Laches, Waiver, Affirmation and Estoppel. International Technology Law Review,1998:118

[81] TRITTON G, EDENBOROUGH M. Case Comment: American Cyanamid Revisited. European Intellectual Property Review,1996:234

[82] WARD, WIGHT. Tortious Liability of the Advising Bank. Journal of International Banking Law, 1995:136

[83] WARD,WIGHT. The Liability of U. K. Banks for Financial Advice—Recent Developments. Journal of International Banking Law,1996:472

[84] WARD,WIGHT. The Liability of Banks in Documentary Credit Transactions under English Law. Journal of International Banking Law,1998:387

[85] WATTS J,REYNOLDS L. A New Approach to Interim Injunctions?. Computer and Telecommunications Law Review,1996,2:66.

[86] ZUCKERMAN A. Interim Injunctions on the Merits. Law Quarterly Reports, 1991,107:197

Texts:

[1] BEALE H. Chitty on Contracts. 30th ed. London:Sweet & Maxwell,2008

[2] BEATSON J. Anso's Law of Contract. 29th ed. Oxford:Oxford University Press,2010

[3] BERTRAMS R. Bank Guarantees in International Trade. 4th ed. Deventer: Kluwer Law International,1996

[4] BOWER G S(author);TURNER A K, HANDLEY K R(eds). Actionable Misrepresentation. 4th ed. Oxford:Butterworths,2000

[5] BRIDGE M. Documents and Contractual Congruence in International Trade//

WORTHINGTON S. Commercial Law and Commercial Practice. Oxford: Hart Publishing,2003

[6] BRIDGE M. Benjamin's Sale of Goods. 8th ed. London:Sweet & Maxwell,2010

[7] BRINDLE M, COX R. The Law of Bank Payments. 4th ed. London: Sweet & Maxwell,2010

[8] CARTWRIGHT J. Misrepresentation. London:Sweet & Maxwell,2002

[9] CARTWRIGHT J. Misrepresentation, Mistake and Non-Disclosure. 2nd ed. London:Sweet & Maxwell,2006

[10] CHUAH J. General Aspects of Lender Liability Under English Law// BLAIR W, CRANSTON R. Banks—Liability and Risk. 3rd ed. London: Lloyd's of London Press, 2001

[11] CHUAH J. Law of International Trade. 4th ed. London: Sweet & Maxwell,2009

[12] CONWAY B. Maritime Fraud. London:Lloyd's of London Press,1990

[13] CONWAY B. The Piracy Business. London: Hamlyn,1981

[14] COOKE J. Law of Tort. 9th ed. London:Pearson Longman,2009

[15] DOLAN J F. The Law of Letters of Credits:Commercial and Standby Credits. 4th ed. Washington:A. S. Pratt & Sons,2007

[16] DROMGOOLE S, BAATZ Y. The Bill of Lading as a Document of Title// PALMER N, MCKENDRICK E. Interests in Goods. 2nd ed. London:Lloyd's of London Press,1998

[17] ELLIOTT N, ODGERS J, PHILLIPS J M. Byles on Bills of Exchange and Cheques. 28th ed. London:Lloyd's of London Press,2007

[18] ENONCHONG N. Illegality Transactions. London:Lloyd's of London Press, 1998

[19] Gao X. The Fraud Rule in the Law of Letters of Credit. Deventer:Kluwer Law International,2002

[20] GOODE R. Abstract Payment Undertakings// CANE P, STAPLETON J. Essays for Patrick Atiyah. Oxford:Oxford University Press,1991

[21] GOODE R, MCKENDRICK E. Commercial Law. 4th ed. London: Penguin Books,2009

[22] GOODE R, MCKENDRICK E, Kronke H, et al. Transnational Commercial Law:Text,Cases and Materials. Oxford:Oxford University Press,2007

[23] GUEST A G. Chalmers and Guest on Bills of Exchange, Cheques and Promissory Notes. 17th ed. London:Sweet & Maxwell, 2009

[24] HAPGOOD M. Paget's Law of Banking. 13th ed. Oxford:Butterworths, 2006

[25] KING R. Gutteridge and Megrah's Law of Bankers' Commercial Credits. 8th ed. London: Europa Publications limited,2001

[26] MARTIN J. Hanbury and Martin's Modern Equity. 17th ed. London:Sweet & Maxwell,2005

[27] ULPH J. Commercial Fraud: Civil Liability for Fraud, Human Rights, and Money Laundering. Oxford:Oxford University Press,2006

[28] MAY L J. The White Book Service 2003:Civil Procedure Volume 1:General Procedure & Volume 2: Special Procedure and Resources. London: Sweet and Maxwell,2002

[29] MUGASHA A. The Law of Letters of Credit and Bank Guarantees. New South Wales:Federation Press, 2003

[30] MURRAY C,D'ARCY L,CLEAVE B,et al. Schmitthoff's Export Trade,the Law and Practice of International Trade. 11th ed. London:Sweet & Maxwell,2007

[31] POOLE J. Textbook on Contract Law. 10th ed. Oxford:Oxford University Press, 2010

[32] RAYMOND J, MALEK A, QUEST D,et al. Documentary Credits: The Law and Practice of Documentary Credits Including Standby Credits and Demand Guarantees. 4th ed. Haywards Heath:Tottel Pub. ,2009

[33] RICHARDS P. Law of Contract. 9th ed. London:Pearson Longman,2009

[34] TODD P. Bills of Lading and Bankers' Documentary Credits. 4th ed. London: Informa Law,2007

[35] TODD P. Cases and Materials on International Trade Law. London: Sweet & Maxwell,2002

[36] TREITEL G. An Outline of the Law of Contract. Oxford:Oxford University Press,2004

[37] TREITEL G. Treitel on the Law of Contract. 11th ed. London:Sweet & Maxwell,2003

[38] WUNNICKE B,Wunnicke D B,Turner P S. Standby and Commercial Letters of Credit. 3rd ed. New York:Aspen Publications,2007

主要法律法规

最高人民法院关于审理独立保函纠纷案件若干问题的规定

(2016年7月11日最高人民法院审判委员会第1688次会议通过，自2016年12月1日起施行)

法释〔2016〕24号

为正确审理独立保函纠纷案件，切实维护当事人的合法权益，服务和保障"一带一路"建设，促进对外开放，根据《中华人民共和国民法通则》《中华人民共和国合同法》《中华人民共和国担保法》《中华人民共和国涉外民事关系法律适用法》《中华人民共和国民事诉讼法》等法律，结合审判实际，制定本规定：

第一条　本规定所称的独立保函，是指银行或非银行金融机构作为开立人，以书面形式向受益人出具的，同意在受益人请求付款并提交符合保函要求的单据时，向其支付特定款项或在保函最高金额内付款的承诺。

前款所称的单据，是指独立保函载明的受益人应提交的付款请求书、违约声明、第三方签发的文件、法院判决、仲裁裁决、汇票、发票等表明发生付款到期事件的书面文件。

独立保函可以依保函申请人的申请而开立，也可以依另一金融机构的指示而开立。开立人依指示开立独立保函的，可以要求指示人向其开立用以保障追偿权的独立保函。

第二条　本规定所称的独立保函纠纷,是指在独立保函的开立、撤销、修改、转让、付款、追偿等环节产生的纠纷。

第三条　保函具有下列情形之一,当事人主张保函性质为独立保函的,人民法院应予支持,但保函未载明据以付款的单据和最高金额的除外:

（一）保函载明见索即付;

（二）保函载明适用国际商会《见索即付保函统一规则》等独立保函交易示范规则;

（三）根据保函文本内容,开立人的付款义务独立于基础交易关系及保函申请法律关系,其仅承担相符交单的付款责任。

当事人以独立保函记载了对应的基础交易为由,主张该保函性质为一般保证或连带保证的,人民法院不予支持。

当事人主张独立保函适用担保法关于一般保证或连带保证规定的,人民法院不予支持。

第四条　独立保函的开立时间为开立人发出独立保函的时间。

独立保函一经开立即生效,但独立保函载明生效日期或事件的除外。

独立保函未载明可撤销,当事人主张独立保函开立后不可撤销的,人民法院应予支持。

第五条　独立保函载明适用《见索即付保函统一规则》等独立保函交易示范规则,或开立人和受益人在一审法庭辩论终结前一致援引的,人民法院应当认定交易示范规则的内容构成独立保函条款的组成部分。

不具有前款情形,当事人主张独立保函适用相关交易示范规则的,人民法院不予支持。

第六条　受益人提交的单据与独立保函条款之间、单据与单据之间表面相符,受益人请求开立人依据独立保函承担付款责任的,人民法院应予支持。

开立人以基础交易关系或独立保函申请关系对付款义务提出抗辩的,人民法院不予支持,但有本规定第十二条情形的除外。

第七条　人民法院在认定是否构成表面相符时,应当根据独立保函载明的审单标准进行审查;独立保函未载明的,可以参照适用国际商会确定的相关审单标准。

单据与独立保函条款之间、单据与单据之间表面上不完全一致,但并不导致相互之间产生歧义的,人民法院应当认定构成表面相符。

第八条　开立人有独立审查单据的权利与义务,有权自行决定单据与独立保函条款之间、单据与单据之间是否表面相符,并自行决定接受或拒绝接受不符点。

开立人已向受益人明确表示接受不符点,受益人请求开立人承担付款责任的,人民法院应予支持。

开立人拒绝接受不符点,受益人以保函申请人已接受不符点为由请求开立人承担付款责任的,人民法院不予支持。

第九条　开立人依据独立保函付款后向保函申请人追偿的,人民法院应予支持,但受益人提交的单据存在不符点的除外。

第十条　独立保函未同时载明可转让和据以确定新受益人的单据,开立人主张受益人付款请求权的转让对其不发生效力的,人民法院应予支持。独立保函对受益人付款请求权的转让有特别约定的,从其约定。

第十一条　独立保函具有下列情形之一,当事人主张独立保函权利义务终止的,人民法院应予支持:

(一)独立保函载明的到期日或到期事件届至,受益人未提交符合独立保函要求的单据;

(二)独立保函项下的应付款项已经全部支付;

(三)独立保函的金额已减额至零;

(四)开立人收到受益人出具的免除独立保函项下付款义务的文件;

(五)法律规定或者当事人约定终止的其他情形。

独立保函具有前款权利义务终止的情形,受益人以其持有独立保函文本为由主张享有付款请求权的,人民法院不予支持。

第十二条　具有下列情形之一的,人民法院应当认定构成独立保函欺诈:

(一)受益人与保函申请人或其他人串通,虚构基础交易的;

(二)受益人提交的第三方单据系伪造或内容虚假的;

(三)法院判决或仲裁裁决认定基础交易债务人没有付款或赔偿责任的;

(四)受益人确认基础交易债务已得到完全履行或者确认独立保函载明的付款到期事件并未发生的;

(五)受益人明知其没有付款请求权仍滥用该权利的其他情形。

第十三条　独立保函的申请人、开立人或指示人发现有本规定第十二条情形的,可以在提起诉讼或申请仲裁前,向开立人住所地或其他对独立保函欺诈纠纷案件具有管辖权的人民法院申请中止支付独立保函项下的款项，也可以在诉讼或仲裁过程中提出申请。

第十四条　人民法院裁定中止支付独立保函项下的款项，必须同时具备下列条件：

（一）止付申请人提交的证据材料证明本规定第十二条情形的存在具有高度可能性；

（二）情况紧急，不立即采取止付措施，将给止付申请人的合法权益造成难以弥补的损害；

（三）止付申请人提供了足以弥补被申请人因止付可能遭受损失的担保。

止付申请人以受益人在基础交易中违约为由请求止付的，人民法院不予支持。

开立人在依指示开立的独立保函项下已经善意付款的，对保障该开立人追偿权的独立保函，人民法院不得裁定止付。

第十五条　因止付申请错误造成损失，当事人请求止付申请人赔偿的，人民法院应予支持。

第十六条　人民法院受理止付申请后，应当在四十八小时内作出书面裁定。裁定应当列明申请人、被申请人和第三人，并包括初步查明的事实和是否准许止付申请的理由。

裁定中止支付的，应当立即执行。

止付申请人在止付裁定作出后三十日内未依法提起独立保函欺诈纠纷诉讼或申请仲裁的，人民法院应当解除止付裁定。

第十七条　当事人对人民法院就止付申请作出的裁定有异议的，可以在裁定书送达之日起十日内向作出裁定的人民法院申请复议。复议期间不停止裁定的执行。

人民法院应当在收到复议申请后十日内审查，并询问当事人。

第十八条　人民法院审理独立保函欺诈纠纷案件或处理止付申请，可以就当事人主张的本规定第十二条的具体情形，审查认定基础交易的相关事实。

第十九条　保函申请人在独立保函欺诈诉讼中仅起诉受益人的，独立保函的开立人、指示人可以作为第三人申请参加，或由人民法院通知其参加。

第二十条　人民法院经审理独立保函欺诈纠纷案件，能够排除合理怀疑地认定构成独立保函欺诈,并且不存在本规定第十四条第三款情形的,应当判决开立人终止支付独立保函项下被请求的款项。

第二十一条 受益人和开立人之间因独立保函而产生的纠纷案件,由开立人住所地或被告住所地人民法院管辖,独立保函载明由其他法院管辖或提交仲裁的除外。当事人主张根据基础交易合同争议解决条款确定管辖法院或提交仲裁的,人民法院不予支持。

独立保函欺诈纠纷案件由被请求止付的独立保函的开立人住所地或被告住所地人民法院管辖,当事人书面协议由其他法院管辖或提交仲裁的除外。当事人主张根据基础交易合同或独立保函的争议解决条款确定管辖法院或提交仲裁的,人民法院不予支持。

第二十二条 涉外独立保函未载明适用法律,开立人和受益人在一审法庭辩论终结前亦未就适用法律达成一致的,开立人和受益人之间因涉外独立保函而产生的纠纷适用开立人经常居所地法律;独立保函由金融机构依法登记设立的分支机构开立的,适用分支机构登记地法律。

涉外独立保函欺诈纠纷,当事人就适用法律不能达成一致的,适用被请求止付的独立保函的开立人经常居所地法律;独立保函由金融机构依法登记设立的分支机构开立的,适用分支机构登记地法律;当事人有共同经常居所地的,适用共同经常居所地法律。

涉外独立保函止付保全程序,适用中华人民共和国法律。

第二十三条 当事人约定在国内交易中适用独立保函,一方当事人以独立保函不具有涉外因素为由,主张保函独立性的约定无效的,人民法院不予支持。

第二十四条 对于按照特户管理并移交开立人占有的独立保函开立保证金,人民法院可以采取冻结措施,但不得扣划。保证金账户内的款项丧失开立保证金的功能时,人民法院可以依法采取扣划措施。

开立人已履行对外支付义务的,根据该开立人的申请,人民法院应当解除对开立保证金相应部分的冻结措施。

第二十五条 本规定施行后尚未终审的案件,适用本规定;本规定施行前已经终审的案件,当事人申请再审或者人民法院按照审判监督程序再审的,不适用本规定。

第二十六条 本规定自2016年12月1日起施行。

最高人民法院关于审理信用证纠纷案件若干问题的规定

(2005年10月24日最高人民法院审判委员会第1368次会议通过)

法释〔2005〕13号

中华人民共和国最高人民法院公告

《最高人民法院关于审理信用证纠纷案件若干问题的规定》已于2005年10月24日由最高人民法院审判委员会第1368次会议通过,现予公布,自2006年1月1日起施行。

二○○五年十一月十四日

根据《中华人民共和国民法通则》《中华人民共和国合同法》《中华人民共和国担保法》《中华人民共和国民事诉讼法》等法律,参照国际商会《跟单信用证统一惯例》等相关国际惯例,结合审判实践,就审理信用证纠纷案件的有关问题,制定本规定。

第一条 本规定所指的信用证纠纷案件,是指在信用证开立、通知、修改、撤销、保兑、议付、偿付等环节产生的纠纷。

第二条 人民法院审理信用证纠纷案件时,当事人约定适用相关国际惯例或者其他规定的,从其约定;当事人没有约定的,适用国际商会《跟单信用证统一惯例》或者其他相关国际惯例。

第三条 开证申请人与开证行之间因申请开立信用证而产生的欠款纠纷、委托人和受托人之间因委托开立信用证产生的纠纷、担保人为申请开立信用证或者委托开立信用证提供担保而产生的纠纷以及信用证项下融资产生的纠纷,适用本规定。

第四条 因申请开立信用证而产生的欠款纠纷、委托开立信用证纠纷和因此产生的担保纠纷以及信用证项下融资产生的纠纷应当适用中华人民共和国相关法律。涉外合同当事人对法律适用另有约定的除外。

第五条 开证行在作出付款、承兑或者履行信用证项下其他义务的承诺后,只要单据与信用证条款、单据与单据之间在表面上相符,开证行应当履行在信用证规定的期限内付款的义务。当事人以开证申请人与受益人之间的基础交易提出抗辩的,人民法院不予支持。具有本规定第八条的情形除外。

第六条　人民法院在审理信用证纠纷案件中涉及单证审查的,应当根据当事人约定适用的相关国际惯例或者其他规定进行;当事人没有约定的,应当按照国际商会《跟单信用证统一惯例》以及国际商会确定的相关标准,认定单据与信用证条款、单据与单据之间是否在表面上相符。

信用证项下单据与信用证条款之间、单据与单据之间在表面上不完全一致,但并不导致相互之间产生歧义的,不应认定为不符点。

第七条　开证行有独立审查单据的权利和义务,有权自行作出单据与信用证条款、单据与单据之间是否在表面上相符的决定,并自行决定接受或者拒绝接受单据与信用证条款、单据与单据之间的不符点。

开证行发现信用证项下存在不符点后,可以自行决定是否联系开证申请人接受不符点。开证申请人决定是否接受不符点,并不影响开证行最终决定是否接受不符点。开证行和开证申请人另有约定的除外。

开证行向受益人明确表示接受不符点的,应当承担付款责任。

开证行拒绝接受不符点时,受益人以开证申请人已接受不符点为由要求开证行承担信用证项下付款责任的,人民法院不予支持。

第八条　凡有下列情形之一的,应当认定存在信用证欺诈:

(一)受益人伪造单据或者提交记载内容虚假的单据;

(二)受益人恶意不交付货物或者交付的货物无价值;

(三)受益人和开证申请人或者其他第三方串通提交假单据,而没有真实的基础交易;

(四)其他进行信用证欺诈的情形。

第九条　开证申请人、开证行或者其他利害关系人发现有本规定第八条的情形,并认为将会给其造成难以弥补的损害时,可以向有管辖权的人民法院申请中止支付信用证项下的款项。

第十条　人民法院认定存在信用证欺诈的,应当裁定中止支付或者判决终止支付信用证项下款项,但有下列情形之一的除外:

(一)开证行的指定人、授权人已按照开证行的指令善意地进行了付款;

(二)开证行或者其指定人、授权人已对信用证项下票据善意地作出了承兑;

(三)保兑行善意地履行了付款义务;

(四)议付行善意地进行了议付。

第十一条　当事人在起诉前申请中止支付信用证项下款项符合下列条

件的，人民法院应予受理：

（一）受理申请的人民法院对该信用证纠纷案件享有管辖权；

（二）申请人提供的证据材料证明存在本规定第八条的情形；

（三）如不采取中止支付信用证项下款项的措施，将会使申请人的合法权益受到难以弥补的损害；

（四）申请人提供了可靠、充分的担保；

（五）不存在本规定第十条的情形。

当事人在诉讼中申请中止支付信用证项下款项的，应当符合前款第（二）、（三）、（四）、（五）项规定的条件。

第十二条　人民法院接受中止支付信用证项下款项申请后，必须在四十八小时内作出裁定；裁定中止支付的，应当立即开始执行。

人民法院作出中止支付信用证项下款项的裁定，应当列明申请人、被申请人和第三人。

第十三条　当事人对人民法院作出中止支付信用证项下款项的裁定有异议的，可以在裁定书送达之日起十日内向上一级人民法院申请复议。上一级人民法院应当自收到复议申请之日起十日内作出裁定。

复议期间，不停止原裁定的执行。

第十四条　人民法院在审理信用证欺诈案件过程中，必要时可以将信用证纠纷与基础交易纠纷一并审理。

当事人以基础交易欺诈为由起诉的，可以将与案件有关的开证行、议付行或者其他信用证法律关系的利害关系人列为第三人；第三人可以申请参加诉讼，人民法院也可以通知第三人参加诉讼。

第十五条　人民法院通过实体审理，认定构成信用证欺诈并且不存在本规定第十条的情形的，应当判决终止支付信用证项下的款项。

第十六条　保证人以开证行或者开证申请人接受不符点未征得其同意为由请求免除保证责任的，人民法院不予支持。保证合同另有约定的除外。

第十七条　开证申请人与开证行对信用证进行修改未征得保证人同意的，保证人只在原保证合同约定的或者法律规定的期间和范围内承担保证责任。保证合同另有约定的除外。

第十八条　本规定自 2006 年 1 月 1 日起施行。

国内信用证结算办法

中国人民银行　中国银行业监督管理委员会 公告

〔2016〕第 10 号

为更好地适应国内贸易发展需要,促进国内信用证业务健康发展,规范业务操作及防范风险,保护当事人合法权益,中国人民银行、中国银行业监督管理委员会修订了《国内信用证结算办法》,现予公布实施。原《国内信用证结算办法》和《信用证会计核算手续》(银发〔1997〕265 号文印发)同时废止。

2016 年 4 月 27 日

第一章　总　则

第一条　为适应国内贸易活动需要,促进经济发展,依据《中华人民共和国中国人民银行法》《中华人民共和国银行业监督管理法》《中华人民共和国商业银行法》以及有关法律法规,制定本办法。

第二条　本办法所称国内信用证(以下简称信用证),是指银行(包括政策性银行、商业银行、农村合作银行、村镇银行和农村信用社)依照申请人的申请开立的、对相符交单予以付款的承诺。

前款规定的信用证是以人民币计价、不可撤销的跟单信用证。

第三条　本办法适用于银行为国内企事业单位之间货物和服务贸易提供的信用证服务。服务贸易包括但不限于运输、旅游、咨询、通讯、建筑、保险、金融、计算机和信息、专有权利使用和特许、广告宣传、电影音像等服务项目。

第四条　信用证业务的各方当事人应当遵守中华人民共和国的法律、法规以及本办法的规定,遵守诚实信用原则,认真履行义务,不得利用信用证进行欺诈等违法犯罪活动,不得损害社会公共利益。

第五条　信用证的开立和转让,应当具有真实的贸易背景。

第六条　信用证只限于转账结算,不得支取现金。

第七条　信用证与作为其依据的贸易合同相互独立,即使信用证含有对此类合同的任何援引,银行也与该合同无关,且不受其约束。

银行对信用证作出的付款、确认到期付款、议付或履行信用证项下其他义务的承诺,不受申请人与开证行、申请人与受益人之间关系而产生的任何请求或抗辩的制约。

受益人在任何情况下,不得利用银行之间或申请人与开证行之间的契约关系。

第八条　在信用证业务中,银行处理的是单据,而不是单据所涉及的货物或服务。

第二章　定　义

第九条　信用证业务当事人

(一)申请人指申请开立信用证的当事人,一般为货物购买方或服务接受方。

(二)受益人指接受信用证并享有信用证权益的当事人,一般为货物销售方或服务提供方。

(三)开证行指应申请人申请开立信用证的银行。

(四)通知行指应开证行的要求向受益人通知信用证的银行。

(五)交单行指向信用证有效地点提交信用证项下单据的银行。

(六)转让行指开证行指定的办理信用证转让的银行。

(七)保兑行指根据开证行的授权或要求对信用证加具保兑的银行。

(八)议付行指开证行指定的为受益人办理议付的银行,开证行应指定一家或任意银行作为议付信用证的议付行。

第十条　信用证的有关日期和期限

(一)开证日期指开证行开立信用证的日期。信用证未记载生效日的,开证日期即为信用证生效日期。

(二)有效期指受益人向有效地点交单的截止日期。

(三)最迟货物装运日或服务提供日指信用证规定的货物装运或服务提供的截止日期。最迟货物装运日或服务提供日不得晚于信用证有效期。信用证未作规定的,有效期视为最迟货物装运日或服务提供日。

(四)付款期限指开证行收到相符单据后,按信用证条款规定进行付款的期限。信用证按付款期限分为即期信用证和远期信用证。

即期信用证,开证行应在收到相符单据次日起五个营业日内付款。

远期信用证,开证行应在收到相符单据次日起五个营业日内确认到期付款,并在到期日付款。远期的表示方式包括:单据日后定期付款、见单后定期付款、固定日付款等可确定到期日的方式。信用证付款期限最长不超过一年。

(五)交单期指信用证项下所要求的单据提交到有效地的有效期限,以当次货物装运日或服务提供日开始计算。未规定该期限的,默认为货物装运日或服务提供日后十五天。任何情况下,交单不得迟于信用证有效期。

第十一条 信用证有效地点

信用证有效地点指信用证规定的单据提交地点,即开证行、保兑行(转让行、议付行)所在地。如信用证规定有效地点为保兑行(转让行、议付行)所在地,则开证行所在地也视为信用证有效地点。

第十二条 转运、分批装运或分次提供服务、分期装运或分期提供服务

(一)转运指信用证项下货物在规定的装运地(港到卸货地、港)的运输途中,将货物从一运输工具卸下再装上另一运输工具。

(二)分批装运或分次提供服务指信用证规定的货物或服务在信用证规定的数量、内容或金额内部分或分次交货或部分或分次提供。

(三)分期装运或分期提供服务指信用证规定的货物或服务在信用证规定的分期时间表内装运或提供。任何一期未按信用证规定期限装运或提供的,信用证对该期及以后各期均告失效。

第三章 信用证业务办理

第一节 开 证

第十三条 开证

银行与申请人在开证前应签订明确双方权利义务的协议。开证行可要求申请人交存一定数额的保证金,并可根据申请人资信情况要求其提供抵押、质押、保证等合法有效的担保。

开证申请人申请开立信用证,须提交其与受益人签订的贸易合同。

开证行应根据贸易合同及开证申请书等文件,合理、审慎设置信用证付款期限、有效期、交单期、有效地点。

第十四条 信用证的基本条款

信用证应使用中文开立,记载条款包括:

(一)表明"国内信用证"的字样。

(二)开证申请人名称及地址。

（三）开证行名称及地址。

（四）受益人名称及地址。

（五）通知行名称。

（六）开证日期。开证日期格式应按年、月、日依次书写。

（七）信用证编号。

（八）不可撤销信用证。

（九）信用证有效期及有效地点。

（十）是否可转让。可转让信用证须记载"可转让"字样并指定一家转让行。

（十一）是否可保兑。保兑信用证须记载"可保兑"字样并指定一家保兑行。

（十二）是否可议付。议付信用证须记载"议付"字样并指定一家或任意银行作为议付行。

（十三）信用证金额。金额须以大、小写同时记载。

（十四）付款期限。

（十五）货物或服务描述。

（十六）溢短装条款（如有）。

（十七）货物贸易项下的运输交货或服务贸易项下的服务提供条款。

货物贸易项下运输交货条款：

1. 运输或交货方式。

2. 货物装运地（港）、目的地、交货地（港）。

3. 货物是否分批装运、分期装运和转运，未作规定的，视为允许货物分批装运和转运。

4. 最迟货物装运日。

服务贸易项下服务提供条款：

1. 服务提供方式。

2. 服务提供地点。

3. 服务是否分次提供、分期提供，未作规定的，视为允许服务分次提供。

4. 最迟服务提供日。

5. 服务贸易项下双方认为应记载的其他事项。

（十八）单据条款，须注明据以付款或议付的单据，至少包括发票，表明货物运输或交付、服务提供的单据，如运输单据或货物收据、服务接受方的证明或服务提供方或第三方的服务履约证明。

（十九）交单期。

（二十）信用证项下相关费用承担方。未约定费用承担方时，由业务委托人或申请人承担相应费用。

（二十一）表明"本信用证依据《国内信用证结算办法》开立"的开证行保证文句。

（二十二）其他条款。

第十五条　信用证开立方式

开立信用证可以采用信开和电开方式。信开信用证，由开证行加盖业务用章（信用证专用章或业务专用章，下同），寄送通知行，同时应视情况需要以双方认可的方式证实信用证的真实有效性；电开信用证，由开证行以数据电文发送通知行。

第十六条　开证行的义务

开证行自开立信用证之时起，即受信用证内容的约束。

第二节　保　兑

第十七条　保兑是指保兑行根据开证行的授权或要求，在开证行承诺之外做出的对相符交单付款、确认到期付款或议付的确定承诺。

第十八条　保兑行自对信用证加具保兑之时起即不可撤销地承担对相符交单付款、确认到期付款或议付的责任。

第十九条　指定银行拒绝按照开证行授权或要求对信用证加具保兑时，应及时通知开证行，并可仅通知信用证而不加具保兑。

第二十条　开证行对保兑行的偿付义务不受开证行与受益人关系的约束。

第三节　修　改

第二十一条　信用证的修改

（一）开证申请人需对已开立的信用证内容修改的，应向开证行提出修改申请，明确修改的内容。

（二）增额修改的，开证行可要求申请人追加增额担保；付款期限修改的，不得超过本办法规定的信用证付款期限的最长期限。

（三）开证行发出的信用证修改书中应注明本次修改的次数。

（四）信用证受益人同意或拒绝接受修改的，应提供接受或拒绝修改的通知。如果受益人未能给予通知，当交单与信用证以及尚未接受的修改的要求一致时,即视为受益人已做出接受修改的通知,并且该信用证修改自此对受益人形成约束。

对同一修改的内容不允许部分接受,部分接受将被视作拒绝接受修改。

(五)开证行自开出信用证修改书之时起,即不可撤销地受修改内容的约束。

第二十二条 保兑行有权选择是否将其保兑扩展至修改。保兑行将其保兑扩展至修改的,自作出此类扩展通知时,即不可撤销地受其约束;保兑行不对修改加具保兑的,应及时告知开证行并在给受益人的通知中告知受益人。

第四节 通 知

第二十三条 信用证及其修改的通知

(一)通知行的确定。

通知行可由开证申请人指定,如开证申请人没有指定,开证行有权指定通知行。通知行可自行决定是否通知。通知行同意通知的,应于收到信用证次日起三个营业日内通知受益人;拒绝通知的,应于收到信用证次日起三个营业日内告知开证行。

开证行发出的信用证修改书,应通过原信用证通知行办理通知。

(二)通知行的责任。

1. 通知行收到信用证或信用证修改书,应认真审查内容表面是否完整、清楚,核验开证行签字、印章、所用密押是否正确等表面真实性,或另以电讯方式证实。核验无误的,应填制信用证通知书或信用证修改通知书,连同信用证或信用证修改书正本交付受益人。

通知行通知信用证或信用证修改的行为,表明其已确信信用证或修改的表面真实性,而且其通知准确反映了其收到的信用证或修改的内容。

2. 通知行确定信用证或信用证修改书签字、印章、密押不符的,应即时告知开证行;表面内容不清楚、不完整的,应即时向开证行查询补正。

3. 通知行在收到开证行回复前,可先将收到的信用证或信用证修改书通知受益人,并在信用证通知书或信用证修改通知书上注明该通知仅供参考,通知行不负任何责任。

第二十四条 开证行应于收到通知行查询次日起两个营业日内,对通知行做出答复或提供其所要求的必要内容。

第二十五条 通知行应于收到受益人同意或拒绝修改通知书次日起三

个营业日内告知开证行,在受益人告知通知行其接受修改或以交单方式表明接受修改之前,原信用证(或含有先前被接受的修改的信用证)条款对受益人仍然有效。

开证行收到通知行发来的受益人拒绝修改的通知,信用证视为未做修改,开证行应于收到通知次日起两个营业日内告知开证申请人。

第五节 转 让

第二十六条 转让是指由转让行应第一受益人的要求,将可转让信用证的部分或者全部转为可由第二受益人兑用。

可转让信用证指特别标注"可转让"字样的信用证。

第二十七条 对于可转让信用证,开证行必须指定转让行,转让行可为开证行。转让行无办理信用证转让的义务,除非其明确同意。转让行仅办理转让,并不承担信用证项下的付款责任,但转让行是保兑行或开证行的除外。

第二十八条 可转让信用证只能转让一次,即只能由第一受益人转让给第二受益人,已转让信用证不得应第二受益人的要求转让给任何其后的受益人,但第一受益人不视为其后的受益人。

已转让信用证指已由转让行转为可由第二受益人兑用的信用证。

第二十九条 第二受益人拥有收取转让后信用证款项的权利并承担相应的义务。

第三十条 已转让信用证必须转载原证条款,包括保兑(如有),但下列项目除外:

可用第一受益人名称替代开证申请人名称;如果原信用证特别要求开证申请人名称应在除发票以外的任何单据中出现时,转让行转让信用证时须反映该项要求。

信用证金额、单价可以减少,有效期、交单期可以缩短,最迟货物装运日或服务提供日可以提前。

投保比例可以增加。

有效地点可以修改为转让行所在地。

第三十一条 转让交单

(一)第一受益人有权以自己的发票替换第二受益人的发票后向开证行或保兑行索偿,以支取发票间的差额,但第一受益人以自己的发票索偿的金额不得超过原信用证金额。

(二)转让行应于收到第二受益人单据次日起两个营业日内通知第一受

益人换单,第一受益人须在收到转让行换单通知次日起五个营业日内且在原信用证交单期和有效期内换单。

（三）若第一受益人提交的发票导致了第二受益人的交单中本不存在的不符点,转让行应在发现不符点的下一个营业日内通知第一受益人在五个营业日内且在原信用证交单期和有效期内修正。

（四）如第一受益人未能在规定的期限内换单,或未对其提交的发票导致的第二受益人交单中本不存在的不符点予以及时修正的,转让行有权将第二受益人的单据随附已转让信用证副本、信用证修改书副本及修改确认书（如有）直接寄往开证行或保兑行,并不再对第一受益人承担责任。

开证行或保兑行将依据已转让信用证副本、信用证修改书副本及修改确认书（如有）来审核第二受益人的交单是否与已转让信用证相符。

（五）第二受益人或者代表第二受益人的交单行的交单必须交给转让行,信用证另有规定的除外。

第三十二条 部分转让

若原信用证允许分批装运或分次提供服务,则第一受益人可将信用证部分或全部转让给一个或数个第二受益人,并由第二受益人分批装运或分次提供服务。

第三十三条 第一受益人的任何转让要求须说明是否允许以及在何条件下允许将修改通知第二受益人。已转让信用证须明确说明该项条款。

如信用证转让的第二受益人为多名,其中一名或多名第二受益人对信用证修改的拒绝不影响其他第二受益人接受修改。对接受者而言,该已转让信用证即被相应修改,而对拒绝修改的第二受益人而言,该信用证未被修改。

第三十四条 开证行或保兑行对第二受益人提交的单据不得以索款金额与单价的减少、投保比例的增加,以及受益人名称与原信用证规定的受益人名称不同而作为不符交单予以拒付。

转让行应在收到开证行付款、确认到期付款函（电）次日起两个营业日内对第二受益人付款、发出开证行已确认到期付款的通知。

转让行可按约定向第一受益人收取转让费用,并在转让信用证时注明须由第二受益人承担的费用。

第六节 议 付

第三十五条 议付指可议付信用证项下单证相符或在开证行或保兑行已确认到期付款的情况下,议付行在收到开证行或保兑行付款前购买单据、取得信用证项下索款权利,向受益人预付或同意预付资金的行为。

议付行审核并转递单据而没有预付或没有同意预付资金不构成议付。

第三十六条　信用证未明示可议付,任何银行不得办理议付;信用证明示可议付,如开证行仅指定一家议付行,未被指定为议付行的银行不得办理议付,被指定的议付行可自行决定是否办理议付。

保兑行对以其为议付行的议付信用证加具保兑,在受益人请求议付时,须承担对受益人相符交单的议付责任。

指定议付行非保兑行且未议付时,保兑行仅承担对受益人相符交单的付款责任。

第三十七条　受益人可对议付信用证在信用证交单期和有效期内向议付行提示单据、信用证正本、信用证通知书、信用证修改书正本及信用证修改通知书(如有),并填制交单委托书和议付申请书,请求议付。

议付行在受理议付申请的次日起五个营业日内审核信用证规定的单据并决定议付的,应在信用证正本背面记明议付日期、业务编号、议付金额、到期日并加盖业务用章。

议付行拒绝议付的,应及时告知受益人。

第三十八条　索偿

议付行将注明付款提示的交单面函(寄单通知书)及单据寄开证行或保兑行索偿资金。除信用证另有约定外,索偿金额不得超过单据金额。

开证行、保兑行负有对议付行符合本办法的议付行为的偿付责任,该偿付责任独立于开证行、保兑行对受益人的付款责任并不受其约束。

第三十九条　追索权的行使

议付行议付时,必须与受益人书面约定是否有追索权。若约定有追索权,到期不获付款议付行可向受益人追索。若约定无追索权,到期不获付款议付行不得向受益人追索,议付行与受益人约定的例外情况或受益人存在信用证欺诈的情形除外。

保兑行议付时,对受益人不具有追索权,受益人存在信用证欺诈的情形除外。

第七节　寄单索款

第四十条　受益人委托交单行交单,应在信用证交单期和有效期内填制信用证交单委托书,并提交单据和信用证正本及信用证通知书、信用证修改书正本及信用证修改通知书(如有)。交单行应在收单次日起五个营业日内对其审核相符的单据寄单。

第四十一条　交单行应合理谨慎地审查单据是否相符,但非保兑行的交单行对单据相符性不承担责任,交单行与受益人另有约定的除外。

第四十二条　交单行在交单时,应附寄一份交单面函(寄单通知书),注明单据金额、索偿金额、单据份数、寄单编号、索款路径、收款账号、受益人名称、申请人名称、信用证编号等信息,并注明此次交单是在正本信用证项下进行并已在信用证正本背面批注交单情况。

受益人直接交单时,应提交信用证正本及信用证通知书、信用证修改书正本及信用证修改通知书(如有)、开证行(保兑行、转让行、议付行)认可的身份证明文件。

第四十三条　交单行在确认受益人交单无误后,应在发票的"发票联"联次批注"已办理交单"字样或加盖"已办理交单"戳记,注明交单日期及交单行名称。

交单行寄单后,须在信用证正本背面批注交单日期、交单金额和信用证余额等交单情况。

第八节　付　款

第四十四条　开证行或保兑行在收到交单行寄交的单据及交单面函(寄单通知书)或受益人直接递交的单据的次日起五个营业日内,及时核对是否为相符交单。单证相符或单证不符但开证行或保兑行接受不符点的,对即期信用证,应于收到单据次日起五个营业日内支付相应款项给交单行或受益人(受益人直接交单时,本节下同);对远期信用证,应于收到单据次日起五个营业日内发出到期付款确认书,并于到期日支付款项给交单行或受益人。

第四十五条　开证行或保兑行付款后,应在信用证相关业务系统或信用证正本或副本背面记明付款日期、业务编号、来单金额、付款金额、信用证余额,并将信用证有关单据交开证申请人或寄开证行。

若受益人提交了相符单据或开证行已发出付款承诺,即使申请人交存的保证金及其存款账户余额不足支付,开证行仍应在规定的时间内付款。对申请人提供抵押、质押、保函等担保的,按《中华人民共和国担保法》《中华人民共和国物权法》的有关规定索偿。

第四十六条　开证行或保兑行审核单据发现不符并决定拒付的,应在收到单据的次日起五个营业日内一次性将全部不符点以电子方式或其他快捷方式通知交单行或受益人。如开证行或保兑行未能按规定通知不符点,则无权宣称交单不符。

开证行或保兑行审核单据发现不符并拒付后，在收到交单行或受益人退单的要求之前，开证申请人接受不符点的，开证行或保兑行独立决定是否付款、出具到期付款确认书或退单；开证申请人不接受不符点的，开证行或保兑行可将单据退交单行或受益人。

第四十七条　开证行或保兑行拒付时，应提供书面拒付通知。拒付通知应包括如下内容：

（一）开证行或保兑行拒付。

（二）开证行或保兑行拒付所依据的每一个不符点。

（三）开证行或保兑行拒付后可选择以下意见处理单据：

1. 开证行或保兑行留存单据听候交单行或受益人的进一步指示。

2. 开证行留存单据直到其从开证申请人处收到放弃不符点的通知并同意接受该放弃，或者其同意接受对不符点的放弃之前从交单行或受益人处收到进一步指示。

3. 开证行或保兑行将退回单据。

4. 开证行或保兑行将按之前从交单行或受益人处获得的指示处理。

第四十八条　开证行或保兑行付款后，对受益人不具有追索权，受益人存在信用证欺诈的情形除外。

第九节　注　销

第四十九条　信用证注销是指开证行对信用证未支用的金额解除付款责任的行为。

（一）开证行、保兑行、议付行未在信用证有效期内收到单据的，开证行可在信用证逾有效期一个月后予以注销。具体处理办法由各银行自定。

（二）其他情况下，须经开证行、已办理过保兑的保兑行、已办理过议付的议付行、已办理过转让的转让行与受益人协商同意，或受益人、上述保兑行（议付行、转让行）声明同意注销信用证，并与开证行就全套正本信用证收回达成一致后，信用证方可注销。

第四章　单据审核标准

第五十条　银行收到单据时，应仅以单据本身为依据，认真审核信用证规定的所有单据，以确定是否为相符交单。

相符交单指与信用证条款、本办法的相关适用条款、信用证审单规则及单据之内、单据之间相互一致的交单。

第五十一条　银行只对单据进行表面审核。

银行不审核信用证没有规定的单据。银行收到此类单据,应予退还或将其照转。

如信用证含有一项条件,却未规定用以表明该条件得到满足的单据,银行将视为未作规定不予理会,但提交的单据中显示的相关信息不得与上述条件冲突。

第五十二条　信用证要求提交运输单据、保险单据和发票以外的单据时,应对单据的出单人及其内容作出明确规定。未作规定的,只要所提交的单据内容表面形式满足单据功能且与信用证及其他规定单据不矛盾,银行可予接受。

除发票外,其他单据中的货物或服务或行为描述可使用统称,但不得与信用证规定的描述相矛盾。

发票须是税务部门统一监制的原始正本发票。

第五十三条　信用证要求某种单据提交多份的,所提交的该种单据中至少应有一份正本。

除信用证另有规定外,银行应将任何表面上带有出单人的原始签名或印章的单据视为正本单据(除非单据本身表明其非正本),但此款不适用于增值税发票或其他类型的税务发票。

第五十四条　所有单据的出单日期均不得迟于信用证的有效期、交单期截止日以及实际交单日期。

受益人和开证申请人的开户银行、账号和地址出现在任何规定的单据中时,无须与信用证或其他规定单据中所载相同。

第五十五条　信用证审单规则由行业协会组织会员单位拟定并推广执行。行业协会应根据信用证业务开展实际,适时修订审单规则。

第五章　附　则

第五十六条　信用证凭证、信用证修改书、交单面函(寄单通知书)等格式、联次由行业协会制定并推荐使用,各银行参照其范式制作。

第五十七条　银行办理信用证业务的各项手续费收费标准,由各银行按照服务成本、依据市场定价原则制定,并遵照《商业银行服务价格管理办法》(中国银监会　国家发展改革委令 2014 年第 1 号)相关要求向客户公示并向管理部门报告。

第五十八条　本办法规定的各项期限的计算,适用民法通则关于计算期间的规定。期限最后一日是法定节假日的,顺延至下一个营业日,但信用证规定的装运日或服务提供日不得顺延。

本办法规定的营业日指可办理信用证业务的银行工作日。

第五十九条　本办法由中国人民银行会同中国银行业监督管理委员会解释。

第六十条　本办法自2016年10月8日起施行。

跟单信用证统一惯例关于电子交单的附则 (eUCP)(版本 2.0)

eUCP 2.0 版本引言

2017 年 6 月 6 日,国际商会银行委员会进行新闻发布,宣布启动工作组对贸易金融数字化进程进行预测准备及跟进。工作组的一项核心工作是评价国际商会现行规则,以评估这些规则的电子兼容性,并确保其"电子适用性",也就是说,能够使银行接受对应单据的数据。这被认为是适应演变中的实务与科技的必然要求。

国际商会银行委员会成立了由大卫·梅内尔和盖瑞·考利尔担任联合主席的起草小组,初始目标是重检国际商会现行规则的电子兼容性。作为重检的结果,起草小组获得了国际商会银行委员会执委会以下授权:

- 更新 eUCP 现行 1.1 版本以确保其可持续的数字兼容性。
- 起草 eURC 以确保托收项下电子记录交单可持续的数字兼容性。

……

预先考虑事项

受益人或其代表向指定银行、保兑行(如有)或开证行仅以电子记录或电子记录与纸质单据混合的交单方式,在 eUCP 的范畴之外。

开证行向申请人仅以电子记录或电子记录与纸质单据混合的交单方式,在 eUCP 的范畴之外。

UCP 600 中的定义,如 eUCP 未重新定义或修改,将继续适用。

在同意开立、通知、保兑、修改或转让 eUCP 信用证前,银行应确保自己能够审核在该信用证项下要求提交的电子记录。

第 e1 条 《跟单信用证统一惯例(UCP600)关于电子交单附则》("eUCP")的范围

A. eUCP 是对《跟单信用证统一惯例》(2007 年修订本,国际商会第 600 号出版物)("UCP")的补充,以适应电子记录的单独提交或与纸质单据联合提交。

B. 当信用证表明受 eUCP 约束("eUCP 信用证")时,eUCP 适用。

C. 本文本版本号为 2.0。eUCP 信用证必须表明适用的版本,否则即受开证日最新的有效版本约束;或如果因受益人接受的修改而使信用证受 eUCP 约束,则受在该修改日期的有效版本约束。

D. eUCP 信用证必须表明开证行的实体地址。此外,信用证还必须表明任何指定银行的实体地址,以及保兑行(如有)的实体地址(如与指定银行的不同),如开证行开证时已知悉该实体地址。如果信用证中未表明任何指定银行及/或保兑行的实体地址,则该银行必须在不迟于通知或保兑信用证之时向受益人表明其实体地址;或者,在信用证可在任一银行兑用的情况下,如另一家非通知行或保兑行的银行愿意按指定承付或议付,则在其同意按指定行事之时向受益人表明其实体地址。

第 e2 条　eUCP 与 UCP 的关系

A. eUCP 信用证也受 UCP 约束,而无须将 UCP 明确纳入信用证。

B. 当 eUCP 适用时,如其与适用 UCP 产生不同结果,应以 eUCP 规定为准。

C. 如果 eUCP 信用证允许受益人在提交纸质单据或电子记录两者之间进行选择,而其选择了只提交纸质单据,则该笔交单仅适用 UCP。如果 eUCP 信用证只允许提交纸质单据,则仅适用 UCP。

第 e3 条　定义

A. UCP 使用的下列用词语,为了将 UCP 适用于 eUCP 信用证项下提交的电子记录的目的,解释为:

Ⅰ."在其表面看来(appear on their face)"以及类似用语适用于审核电子记录的数据内容。

Ⅱ."单据(document)"应包括电子记录。

Ⅲ. 电子记录的"交单地点(place for presentation)"意指一个数据处理系统的电子地址。

Ⅳ."交单人(presenter)"意指受益人,或代表其向指定银行、保兑行(如有)或直接向开证行实施交单行为的任何人。

Ⅴ."签署(sign)"及类似用语应包括电子签字。

Ⅵ."添加的(superimposed)"、"批注(notation)"或"盖印戳的(stamped)"意指在电子记录中其增补特征明显的数据内容。

B. 在 eUCP 中使用的下列用语应具有以下含义:

Ⅰ."数据变损(data corruption)"意指因任何数据的失真或丢失而致使无法全部或部分读取已提交的电子记录。

Ⅱ．"数据处理系统(data processing system)"意指全部或部分用于处理和操作数据、发起指令或响应数据信息或性能的计算机化或电子化或任何其他自动化的方法。

Ⅲ．"电子记录(electronic record)"意指，以电子方式创建、生成、发送、传播、收到或储存的数据，包括(适当时)逻辑上相关或另外链接在一起以便成为电子记录一部分的所有信息，而无论这些信息是否同时生成，并且：其发送人的表面身份，其包含的数据的表面来源及其是否保持完整和未被更改，可以被证实；并且能够根据 eUCP 信用证条款审核其相符性。

Ⅳ．"电子签字(electronic signature)"意指附加于或与一份电子记录有逻辑关联的数据处理，由签字人实施或采用，用以表明签字人身份及其对电子记录的证实。

Ⅴ．"格式(format)"意指表达电子记录的数据组织形式或电子记录提到的数据组织形式。

Ⅵ．"纸质单据(paper document)"意指纸面形式的单据。

Ⅶ．"收到(received)"意指电子记录以系统可接受的形式、根据 eUCP 信用证中指明的交单地点进入数据处理系统的时间。此系统生成的任何对收到的确认并不意味着该电子记录已在 eUCP 信用证下被查看、审核、接受或拒绝。

Ⅷ．"再次提交(re-present)"或"再次提交的(re-presented)"意指替代或更换已经提交的电子记录。

第 e4 条　电子记录和纸质单据与货物、服务或履约行为

银行不处理电子记录或纸质单据可能涉及的货物、服务或履约行为。

第 e5 条　格式

eUCP 信用证必须注明每份电子记录的格式。如未注明，则电子记录可以任何格式提交。

第 e6 条　交单

A．Ⅰ．eUCP 信用证必须注明提交电子记录的地点。

Ⅱ．如 eUCP 信用证要求或允许提交电子记录和纸质单据，除必须注明提交电子记录的地点外，还必须注明提交纸质单据的地点。

B．电子记录可以分别提交，并且无需同时提交。

C．Ⅰ．如一份或多份电子记录被单独提交或与纸质单据混合提交，交单人有责任向指定银行、保兑行(如有)或开证行(如直接向开证行交单)提供表

明交单结束的通知。该结束通知的收到将作为交单已经完毕、并且交单的审核期限将开始的通知。

Ⅱ. 结束通知可以电子记录或纸质单据方式做出,且必须注明其所关联的 eUCP 信用证。

Ⅲ. 如果未收到结束通知,将视为未曾交单。

Ⅳ. 指定银行无论是否按指定行事,当其向保兑行或开证行转发或提供其获取的电子记录时,无需发送结束通知。

D. Ⅰ. 在 eUCP 信用证下提交的每份电子记录必须注明其据以交单的 eUCP 信用证。注明方式可以是在电子记录本身中、或是在所附加的或添加的元数据中、或是在随附的交单面函中明确提及。

Ⅱ. 任何未如此注明的电子记录交单可被视为未曾收到。

E. Ⅰ. 如果将接收交单的银行在营业中,但在规定的截止日及/或最迟交单日(视何种情形适用),其系统不能接收传来的电子记录,则视为歇业,截止日及/或最迟交单日应延展至银行能够接收电子记录的下一个银行工作日。

Ⅱ. 在此情况下,指定银行必须在其面函中向保兑行(如有)或开证行声明,电子记录是在根据第 e6(E)(Ⅰ)条顺延的期限内提交的。

Ⅲ. 如果尚待提交的电子记录只剩下结束通知,则可以用电讯方式或纸质单据提交,并被视为及时,只要其在该银行能够接收电子记录之前发出。

F. 不能被证实的电子记录将被视为未曾提交。

第 e7 条　审核

A. Ⅰ. 审单时限自指定银行、保兑行(如有)或开证行(如直接向开证行交单)收到交单结束通知后的下一个银行工作日起算。

Ⅱ. 如果交单时间或交单结束通知的时限根据第 e6(E)(Ⅰ)条规定顺延,单据审核时限自接受交单的银行在交单地点能够接收结束通知后的下一个银行工作日起算。

B. Ⅰ. 如果电子记录包含一个外部系统的超级链接,或指明电子记录可参照一外部系统审核,则超级链接中的或该外部系统中的电子记录应被视为构成电子记录不可分割的一部分予以审核。

Ⅱ. 在审核时,如该外部系统不能提供所需电子记录的读取条件,则构成不符点,第 e7(D)(Ⅱ)条规定的情形除外。

C. 按指定行事的指定银行、保兑行(如有)或开证行无法审核 eUCP 信用证所要求格式的电子记录,或当未要求格式时,无法审核提交的电子记录,这一情形不构成拒付的依据。

D.Ⅰ. 无论是否按指定承付或议付,指定银行转递电子记录的行为表明其已确信电子记录的表面真实性。

Ⅱ. 如果指定银行确定交单相符并将该电子记录转发或提供给保兑行或开证行,无论指定银行是否已经承付或议付,开证行或保兑行必须承付或议付,或偿付该指定银行,即使指定的超级链接或外部系统不允许开证行或保兑行审核已由指定银行提供给开证行或保兑行、或由保兑行提供给开证行的一份或多份电子记录。

第 e8 条　拒付通知

如果按指定行事的指定银行、保兑行(如有)或开证行对包含电子记录的交单发出了拒付通知,在发出拒付通知后 30 个日历日内未收到被通知方关于电子记录的处理指示,银行应退还被通知方以前尚未退还的任何纸质单据,但可以其认为合适的任何方式处理电子记录而不承担任何责任。

第 e9 条　正本与副本

要求提供一份或多份电子记录正本或副本时,提交一份电子记录即满足要求。

第 e10 条　出具日期

电子记录必须表明其出具日期。

第 e11 条　运输

如果证明运输的电子记录没有表明货物装运或发送或接管或已被收妥待运日期,电子记录的发出日期将被视为货物装运或发送或接管或已被收妥待运日期。但如果电子记录载有证明货物装运或发送或接管或已被收妥待运日期的批注时,该批注日期将被视为货物装运或发送或接管或已被收妥待运日期。显示附加数据内容的该批注无需另行签字或以其他方式证实。

第 e12 条　电子记录数据损坏

A. 如果指定银行(无论是否按指定行事)、保兑行(如有)或开证行收到的电子记录看似受到了数据损坏的影响,银行可通知交单人,也可要求再次提交电子记录。

B. 如果银行要求再次提交电子记录:

Ⅰ. 则审单时限中止,待电子记录再次提交时恢复;并且

Ⅱ. 如果指定银行不是保兑行,则必须将其关于再次提交电子记录的要

求知会开证行和任何保兑行,并告知时限中止;但是

Ⅲ. 如果该电子记录未在 30 个日历日内,或截止日及/或最迟交单日当天或之前(以日期先到者为准)再次提交,该银行可以将该电子记录视为未提交过。

第 e13 条　根据 eUCP 提交电子记录时的额外免责

A. 除通过使用数据处理系统接收、证实和识别电子记录即可发现者外,银行审核电子记录的表面真实性的行为并不使其对发送人身份、信息来源、完整性或未被更改性承担责任。

B. 银行对除其自身之外的数据处理系统无法运行所产生的后果概不负责。

第 e14 条　不可抗力

对由于天灾、暴动、骚乱、叛乱、战争、恐怖主义行为、网络攻击、或任何罢工、停工或包括设备、软件或通讯网络故障等任何其他的银行无法控制的原因导致的营业中断的后果,包括但不限于无法访问数据处理系统,或者设备、软件或通讯网络故障,银行概不负责。

中国国际商会/国际商会中国国家委员会　组织翻译